開始到紐西蘭打工度假

作者◎蔡弦峰
修訂協力◎牧羊女

太雅

作者序

2004年起開放的紐西蘭打工度假簽證，讓我們可以長達1年在紐西蘭工作玩樂，在超天然的環境中學英文；這種當外國人的機會，可是只有在31歲前才有的恩惠，重點是不用花很多錢(甚至可以賺錢)！紐西蘭風景處處如畫，雖是已開發國家，卻不會過度開發與繁榮，仍保有著台灣見不到的生態環境。

我起初心懷恐懼，但夢想像阿兜ㄚ說話的日子已經許久，所以還是給他出國了。這當中做了3份工作、租房子、跑教會、環島，做了許多從未嘗試過的事，見識到不同民族的想法，更認識了海內外的一大票好朋友，而且我知道這將是一輩子的回憶(對紐西蘭的印象不再只是豐力富奶粉了……)

這本書希望提供給大家便利及簡易的資訊，省去一些疑難。靠著很多人提供的資訊及圖片才能讓它順利地出版。謝謝我旅程中認識的好朋友Ronice、Fion、Duncan、David、Aki、Minoru、Nanae、Rosa Jane、Lynne、Michelle、Benny、Elizabeth、Yunja、Glenna、Emma、Eric、Moonsun、Rodenhouse、Amy、Renee、Dear Kylie、紐西蘭觀光局及背包客網站上提供資訊的熱心朋友們。

蔡弦峰

協力修訂序

每年紐西蘭移民局只提供600個名額開放給台灣申請人，但隨著打工度假風氣的盛行與想到國外體驗生活的人越來越多，幾乎每年都是開放申請沒多久名額就被秒殺完畢，原來有這麼多人都想要到紐西蘭這個被稱為世界最後一塊淨土的國家實現打工度假的夢想，可以在處處風景如畫的國家生活與工作一年，真的是人生最幸福的事情之一了。

不過也因為關於紐西蘭打工度假書的資訊不集中也很容易過時，所以當初才決定著手寫網誌來整理紐西蘭的資訊。希望這本書可以幫助、提供讀者最實用且便利的資訊，以省去大家的問題：從準備申請簽證一直到抵達紐西蘭後的大小事，比如申請稅號、找工作、租房子、或是打工尾聲，背包客最期待的退稅等等事情，都可以靠這本工具書來解決。

非常有幸與《紐西蘭旅行家》作者舞菇，一起在紐西蘭自助旅行，後來舞菇也熱心地將我引薦給太雅出版社，所以才有這個機會來修訂這本書。在此謝謝男友的大力支持、舞菇的引薦、太雅編輯鈺澐、宜平、怡伶與美編在各項修編書籍上的協助。

牧羊女

關於作者

蔡 弦 峰

1980年生高雄人，喜歡接觸網路，網路上常常化名鹹風。退伍後即帶著打工度假簽證赴紐西蘭，進行為期一年以學英文為主的旅遊，期間對許多打工度假的資訊認知頗感不足，於是開始萌生蒐集資料的念頭，對於打工度假以好奇寶寶的心態看待大小事，認識了很多朋友，也遭遇了多數打工度假客會碰到的事。

牧 羊 女

在一次自助旅行中徹底喜歡上紐西蘭，隔年幸運地申請到打工度假簽證，便開始在紐西蘭這個羊比人多的國家生活。曾與太雅旅遊作者舞菇一同自助遊紐西蘭南島，並且被收錄在《紐西蘭旅行家》一書中；也在「牧羊女紐西蘭奇幻之旅」部落格及粉絲專頁上，與讀者分享紐西蘭的各項資訊。

牧羊女部落格：shepherdessjenn.com
粉絲專頁：牧羊女紐西蘭奇幻之旅

編輯室提醒

出發前，請利用書上提供的Data再一次確認

每一個城市都是有生命的，會隨著時間不斷成長，「改變」於是成為不可避免的常態，雖然本書的作者與編輯已經盡力，讓書中呈現最新最完整的資訊，但是，我們仍要提醒本書的讀者，必要的時候，請多利用書中的電話，再次確認相關訊息。

資訊不代表對服務品質的背書

本書作者所提供的飯店、餐廳、商店等等資訊，是作者個人經歷或採訪獲得的資訊，本書作者盡力介紹有特色與價值的旅遊資訊，但是過去有讀者因為店家或機構服務態度不佳，而產生對作者的誤解。敝社申明，「服務」是一種「人為」，作者無法為所有服務生或任何機構的職員背書他們的品行，甚或是費用與服務內容也會隨時間調動，所以，因時因地因人，可能會與作者的體會不同，這也是旅行的特質。

新版與舊版

太雅旅遊書中銷售穩定的書籍，會不斷再版，並利用再版時做修訂工作。通常修訂時，還會新增餐廳、店家，重新製作專題，所以舊版的經典之作，可能會縮小版面，或是僅以情報簡短附錄。不論我們作何改變，一定考量讀者的利益。

票價震盪現象

越受歡迎的觀光城市，參觀門票和交通票券的價格，越容易調漲，但是調幅不大(例如倫敦)，若出現跟書中的價格有微小差距，請以平常心接受。

謝謝眾多讀者的來信

過去太雅旅遊書，透過許多讀者的來信，得知更多的資訊，甚至幫忙修訂，非常感謝你們幫忙的熱心與愛好旅遊的熱情。歡迎讀者將你所知道的變動後訊息，善用我們提供的「線上讀者情報上傳表單」或是直接寫信來taiya@morningstar.com.tw，讓華文旅遊者在世界成為彼此的幫助。

太雅旅行作家俱樂部

牧羊女專頁花絮

在FB粉絲專頁中，牧羊女分享了許多關於紐西蘭打工度假、旅遊的相關資訊文章，想了解紐西蘭打工度假的大小事，不妨來到這裡爬爬文。

人在紐國心在台，專頁搶簽證直播活動

接連幾年在粉專開直播，跟著人在台灣、凌晨5、6點早起的各位一同經歷這緊張的時刻，會在直播中幫申請人做重點複習，魔鬼藏在細節裡，可不能因為小小的失誤而無法順利拿到簽證呀。在直播過程中除了即時回答大家所遇到的問題，同時也會跟大家聊天放鬆緊張心情並實況轉播目前申請的狀態，有興趣的朋友可查看近期的完整影片。

「謝謝大家和我一起達到第一次直播的里程碑，也很開心和大家一起度過緊張的時刻!」

f 牧羊女 紐西蘭觀光公民

http goo.gl/a41ycy

粉絲見面會

目前為止已舉辦兩場分享會，分別在台北與高雄，與粉絲們分享關於打工度假的事情，另有一場是與台灣即時連線的網路分享會，有許多粉絲會趁這個時候好好地將心中疑惑一次解開。

只要有人經過威靈頓來找我聊天吃飯，我都會非常開心。威靈頓的咖啡很好喝，有經過的話要記得來找牧羊女喔！不管是想跟我聊天或品嘗咖啡美食，都非常歡迎。

快點來找牧羊女品嘗超棒的咖啡

http goo.gl/Jx5Tcp

紐西蘭物價真的很高嗎？

即將出發到紐西蘭的背包客們，除了找房子、工作以外，在與粉絲們的私訊中，牧羊女最常被詢問的就是紐西蘭的消費水平，畢竟吃東西是每天必要的事情之一，也因為這樣牧羊女前陣子在粉絲專頁與粉絲玩了估估樂的活動，猜到最接近實際價格的人會有神祕小禮物。

在活動過程中，發現有些粉絲對紐西蘭物價滿有概念的，大家猜的價格誤差並沒有很大，最後有3位讀者以非常接近的價格獲得了小禮物喔！

大家猜猜看這一車的糧食大概要多少呢？

小鎮竟是明星拍攝婚紗的地點

紐西蘭一直是許多人拍攝海外婚紗會列入考慮的國家之一，大家都會以自然景觀較多的南島作為首選，但北島也有特殊景色，也是有南島沒有的景觀呀。其實在某兩位明星來此拍攝婚紗之前，這裡已經是許多旅客會特地前往的地點，不外乎就是被這特殊的外觀設計所吸引而慕名前來，以波浪鐵皮當作基礎來作設計，非常具有創意及特殊性。想知道這特殊景點在哪裡嗎？請參閱網址。

http goo.gl/RCtKr1

是誰在這邊拍婚紗呢？

So Easy 038

開始到紐西蘭打工度假 (全新增訂版)

作　　者	蔡弦峰
總 編 輯	張芳玲
發想企劃	taiya旅遊研究室
修訂協力	牧羊女
企劃編輯	林淑媛
主責編輯	林淑媛
修訂編輯	鄧鈺澐、賴怡伶
美術設計	許志忠、蔣文欣
封面設計	許志忠

國家圖書館出版品預行編目資料

開始到紐西蘭打工度假／蔡弦峰 作.
——三版, ——臺北市：太雅, 2018.03
面；　公分.——(So easy；38)

ISBN　978-986-336-217-3 (平裝)

1.旅遊　2.紐西蘭

772.9　　　　　　　　　　　106020403

太雅出版社
TEL：(02)2882-0755　FAX：(02)2882-1500
E-MAIL：taiya@morningstar.com.tw
郵政信箱：台北市郵政53-1291號信箱
太雅網址：http://taiya.morningstar.com.tw
購書網址：http://www.morningstar.com.tw
讀者專線：(04)2359-5819 分機230

出 版 者	太雅出版有限公司 台北市11167 劍潭路13號2樓 行政院新聞局局版台業字第五○○四號
總 經 銷	知己圖書股份有限公司 台北市106 辛亥路一段30號9樓 TEL：(02)2367-2044／2367-2047　FAX：(02)2363-5741 台中市407 工業30路1號 E-mail：service@morningstar.com.tw 網路書店：http://www.morningstar.com.tw 郵政劃撥：15060393 (知己圖書股份有限公司)
法律顧問	陳思成律師
印　　刷	上好印刷股份有限公司 TEL：(04)2315-0280
裝　　訂	大和精緻製訂股份有限公司 TEL：(04)2311-0221
三　　版	西元2018年03月10日
定　　價	270元

(本書如有破損或缺頁，退換書請寄至：台中市工業30路1號 太雅出版倉儲部收)

ISBN　978-986-336-217-3
Published by TAIYA Publishing Co.,Ltd.
Printed in Taiwan

編輯室：本書內容為作者實地採訪資料，書本發行後，開放時間、服務內容、票價費用、商店餐廳營業狀況等，均有變動的可能，建議讀者多利用書中網址查詢最新的資訊，也歡迎實地旅行或居住的讀者，不吝提供最新資訊，以幫助我們下一次的增修。聯絡信箱：taiya@morningstar.com.tw

目錄 CONTENTS

02 作者序
03 編輯室提醒
04 牧羊女專頁花絮

08 認識紐西蘭

長達1年的便宜海外合法打工夢，已經可以實現

10 31歲前實現海外生活夢
10 紐西蘭小檔案

14 行前準備篇

1年的海外生活，出發前要準備什麼

16 證件申辦
23 行前準備
27 出入境注意事項

29 行家經驗談

解決申請簽證、語言學校及Homestay的疑難雜症

30 簽證申請常見Q&A
32 Homestay經驗
32 工作簽證經驗
33 生活在他鄉

37 打工賺錢篇

如何找工作，所得該如何退稅

38 申請稅號
41 銀行開戶
44 退稅申請
49 打工類型
54 工作來源管道
59 通過面試小工具

61 住宿篇

打工度假客如何選擇住宿型態

62 住宿型態選擇
67 居住小叮嚀&補充知識

68 交通篇

長時間停留紐西蘭，如何選擇合適的交通工具

70 公車
71 二手汽車
73 租車
74 客運、腳踏車
75 火車
76 機場指南

78
吃喝訣竅篇
吃吃喝喝,省錢要從何下手

80 紐式食物
81 便宜生存法
82 餐廳推薦

84
採購指南篇
從便宜到昂貴,買東西的選擇

86 消費指南
86 購物要點
88 特色紀念品
89 購物地點介紹
92 市集介紹

94
通訊篇
**置身紐西蘭,怎麼
上網、寄信、打電話**

96 打電話
98 郵寄

100
語言學習篇
一年的時間,要加強英文能力

102 語言學習
107 考試檢定
108 常用紐式英文

110
玩樂篇
**打工度假可以
怎麼Have fun**

112 紐西蘭環島旅行
114 當地習俗與節慶
115 威靈頓特色景點
119 奧克蘭特色景點
120 基督城特色景點

122
緊急應變篇
**討厭的意外狀況發生
怎麼辦**

123 紐西蘭治安現況
123 證件財物遺失怎麼辦
124 生病時怎麼辦

Working Holiday

In the south-western Pacific Ocean. Polynesians settled New Zealand in 1250 - 1300 AD and developed a distinctive Maori culture, and Europeans first made contact in 1642 AD.

New Zealand

認識紐西蘭

長達一年的便宜海外合法打工夢，已經可以實現。帶著打工度假簽證前往紐西蘭，不論要工作或是想要讀書都可以任君選擇，365天每天旅遊也完全沒有問題，這個簽證就是這麼自由自在與彈性，還在猶豫出國的不可能性嗎？快來試試。

31歲前實現海外生活夢	10
紐西蘭小檔案	10
歷史	10
地理／人口	11
氣候	11
時差	11
航程	12
電壓	12
營業時間	12
匯率	12
國旗與國徽	12
生活習慣	13

31歲前實現海外生活夢

　　我國駐紐西蘭代表處與紐西蘭商工辦事處之代表已於2004年2月20日在台北簽署「打工度假計畫協議」，並自6月1日開始執行。紐西蘭是我國簽署打工度假協議的第一個國家，而我國為紐西蘭第十八個簽署打工度假協議的國家。由於打工度假簽證(Working Holiday Visa)准許簽證持有人可以合法打工、念書與旅遊等，自由與彈性空間很大，好處多多，加上簽證有效期長達1年，靠著打工賺錢平衡收支可以做很多很棒的事。

紐西蘭小檔案 New Zealand Profile

歷史
History

　　紐西蘭原住民毛利人(Maori)，約在西元1200年從玻里尼西亞群島乘坐獨木舟，揚帆渡海數千公里，以星星、洋流及海鳥的飛行路線導航，來到這片土地上。1642年荷蘭探險家Abel Tasman是首位航海至紐西蘭的歐洲人，但Tasman的探訪經歷極為短暫。後來一位荷蘭繪圖員沿襲荷蘭一個地區的名字，把此地命名「紐西蘭」(Nieuw Zeeland，荷蘭語意為新陸地)。

　　1840年，眾多的毛利部落首領簽署了懷唐伊條約(Treaty of Waitangi)。這項與英國政府簽訂的條約如今被視為紐西蘭的建國公文，條約內明訂允許英國人定居並統治紐西蘭，同時保留了毛利人對他們土地和資源的支配權。大多數毛利人的宗譜，都可以追溯到早期玻里尼西亞的移民，毛利話裡的紐西蘭「Aotearoa」，意思是「長白雲

毛利人問候

　　紐西蘭毛利人的打招呼語言為「Kia ora」，此外以鼻碰鼻的方式是他們表達友善問候之意。

圖片提供：紐西蘭觀光局James Heremaia

之鄉」，毛利語是紐西蘭官方語言之一。

　　紐西蘭尊奉英國女王為名義上之國家元首，英國並派有總督常駐紐國，但僅具象徵及代表意義，紐西蘭實際之政務皆由民選總理(Prime Minister)主政。

地理 / 人口
Geography / Population

　　紐西蘭位於南太平洋，以位置而言紐西蘭位在台灣的東南方約8,500公里遠，距離鄰近國澳洲2,000公里。地形大致呈南北方向，從南到北大部分地區都有山脈縱貫。境內為2座主要島嶼南島與北島所組成，總面積約為26萬7千平方公里，大小約和日本及美國加州相同，比英國略大。

　　紐西蘭人口約為469萬，國內人種分布為歐洲白人後裔75%、毛利人15%、亞洲人12%，其他（如Samoa、中東）7.5%，全國人口約75%住在北島，25%住在南島，由於75%之人口為歐裔人士，其風俗習慣大體上承襲英國（英格蘭、蘇格蘭）及愛爾蘭之傳統，民風較為拘謹保守。宗教信仰上，接近一半以上的人口為基督徒，主要宗教有英國國教（Anglican）、天主教（Roman Catholic）和基督教長老會（Presbyterian）。

北島
North Island

●奧克蘭(Auckland)
●漢默頓(Hamilton)
●吉斯伯恩(Gisborne)
●新普利茅斯(New Plymouth)
●內皮爾(Napier)
●威靈頓(Wellington)
●尼爾森(Nelson)
西港(West Port)
●基督城(Christchurch)
●庫克山(Mt. Cook)

南太平洋

●皇后鎮(Queenstown)
●但尼丁(Dunedin)
●因弗卡吉爾(Invercargill)

南島
South Island

Stewart Island

地圖繪製：許志忠

羊群多多

圖片提供：Fion

　　紐西蘭羊比人多，據說從前全國約有4,800萬隻羊，一個人平均擁有14頭羊，羊群與人口比例這種說法，也同時顯示出紐國畜牧業的普遍，像是鬧區許多郊區或是空曠區域，都會看到棉花糖似的羊群，而這些可愛的羊群們就是典型的紐西蘭代表「來自純淨無污染的大草原」。

氣候
Climate

　　由於地理位置不同，由南北島組成的紐西蘭，氣溫上也有所不同。一般來說越接近北邊的地理位置天氣會越暖和，呈現北暖南寒。紐西蘭的天氣是出了名的善變，一天裡可能上午刮大風、中午出大太陽，晚上下陣雨或是起大霧，正所謂的「一天四季」，對身處亞熱帶國家的台灣人而言，通常都會覺得很冷，衣著方面還是得多準備一些。

　　紐西蘭的季節與位在北半球的台灣正好相反，當地夏季約10～2月，冬季則為6～8月。

紐西蘭平均最高及最低氣溫(單位℃)

城市	9～11月 春季	12～2月 夏季	3～5月 秋季	6～8月 冬季
奧克蘭	18/11	24/12	20/13	15/9
威靈頓	15/9	20/13	17/11	12/6
基督城	17/7	22/12	18/6	12/3
皇后鎮	16/5	22/10	16/6	10/11

■ 北島　■ 南島

時差
Time Difference

　　紐西蘭時間比台灣快4～5個小時。由於春到秋白天時間較長，有時候夏天晚上8、9點才天黑，因此實施日光節約時間（Daylight Saving），引導民眾多利用天還亮節約能源，並早起對應日出時間。因此，一年以春、秋作為分界，國內統一調整時間。長長的大白天時間長達半年之久，玩的時間可以久一點，太棒了！

時令	時差	時期
夏令	快5小時(台灣中午12點為當地下午5點)	9月最後的週日起到隔年4月的第一個週日結束
冬令	快4小時(台灣中午12點為當地下午4點)	非夏令時間

航程
Flight Hours

從台灣桃園直飛基督城（Christchurch）飛行時間約12小時、奧克蘭（Auckland）約11小時，國內唯有桃園國際機場有直飛班機，高雄等其他城市都需轉至桃園搭乘。搭乘至紐國也有需轉機的航班，常見的轉機點及飛行時間如下：

轉機點	台灣至轉機點	轉機點至紐西蘭
香港	1小時40分鐘	11小時30分鐘
首爾	2小時20分鐘	11小時20分鐘
曼谷	3小時45分鐘	12小時45分鐘
新加坡	4小時20分鐘	9小時40分鐘
吉隆坡	4小時35分鐘	10小時
雪梨	8小時50分鐘	3小時30分鐘

高空俯瞰紐西蘭的大小平原　高空俯瞰紐西蘭的雪山

電壓
Electric System

紐西蘭電源插座（Socket）為三洞八字形，230 / 240伏特、50赫茲。因與台灣電壓規格不同（110伏特、60赫茲），使用時要另外使用轉換插頭（Plug）。

皺著眉頭的三洞八字插座

營業時間
Business Hours

多數商店營業時間為週一～五09:00～17:00，部分商店如餐廳、大型超市或觀光地區的商家提供較晚的營業時間。

匯率
Exchange

1元紐幣（NZD）約兌換新台幣（NTD）22元，貨幣面額分為紙鈔（Notes）100、50、20、10、5元；硬幣（Coins）2元、1元、50分、20分、10分。

國旗與國徽
Symbols

紐西蘭國旗呈橫長方形，長與寬之比為2：1。旗底為深藍色左上方為英國國旗圖案，右邊有4

顆鑲白邊的紅色五角星，4顆星排列均不對稱。由於紐西蘭是英聯邦成員國，紅、白「米」字圖案表明同英國的傳統關係；4顆星表示南十字星座，表明該國位於南半球，同時還象徵獨立和希望。

象徵與英國關係及表明英聯邦成員國紐西蘭，國旗象徵獨立與希望 (圖片提供：紐西蘭觀光局 Sonya Cullimore)

紐西蘭的代表性植物為銀蕨（Silver Fern），其特色為葉背呈白色。相傳是以前毛利人在對抗外來入侵者時，利用其葉背能反射月光的特性，偷襲敵人成功，

葉背白色的紐西蘭國徽：Silver Fern (圖片提供：Minoru)

毛利人因此視為聖樹。紐西蘭為保存毛利文化，故以其為國徽。

銀蕨的標誌後來也變成紐西蘭國家橄欖球隊All Blacks、紐西蘭觀光局、及紐西蘭貿易發展區的註冊商標，甚至許多飯店、租車公司、戶外活動等，也都有以銀蕨作為旅遊及住宿品質的分類標誌。

世界之最

南半球國家紐西蘭，是全世界每天最早迎接第一道曙光的國家之一、是全世界第一個女性擁有投票權的國家、擁有船隻比例最高的國家、每單位人口擁有高爾夫球場面積最多的國家，也是政府部門最早成立旅遊觀光推廣單位的國家。

生活習慣

Customs

自來水

紐西蘭的水質乾淨，並採用特殊的淨水系統，水龍頭打開的自來水可以直接生飲。

紐式英文

由於紐西蘭人口多來自歐洲後裔，因此英文用法偏向英式英文，口音與部分說法與我們較常接觸之美式英文略有不同。

車道與行進方向

紐西蘭車輛靠左行進，與台灣靠右行進相反，走路習慣則是沒有明顯區分。

街道號碼

幅員遼闊的紐西蘭大多數的地點、住家地址門牌只標示號碼，並不像台灣標示較詳細。

洗碗不沖水

加洗碗精用熱水浸泡的洗碗方式，並不會再沖洗（Rinse）掉泡沫，而是直接晾乾或使用毛巾擦乾，是這裡紐西蘭人生活的方式。

廁所沒有垃圾桶

衛生紙使用完直接丟入馬桶，垃圾桶（或特殊容器）的設置通常提供給女性丟棄衛生棉。

早上洗澡

與部分歐美國家相同，大部分紐西蘭人會在早上洗澡，但也有少數人會在晚上洗澡。

國定長假是聖誕節

為期2週的聖誕節長假（12月25日起），親人返鄉團聚一起吃飯聯絡感情，與台灣的過年有異曲同工之妙。

Working Holiday

In the south-western Pacific Ocean. Polynesians settled New Zealand in 1250－1300 AD and developed a distinctive Maori culture, and Europeans first made contact in 1642 AD.

New Zealand

行 前 準 備 篇

一年的海外生活，出發前要準備什麼。把握簡潔出國DIY原則，針對打工客如何填寫各式申請表做說明，東西要帶些什麼的建議及辦理流程。

證件申辦	**16**
打工度假簽證	16
體檢	21
護照	22
入境文件	22
國際駕照	22
國際卡片	23
行前準備	**23**
行前規畫、購買機票	23
保險、汽機車、換紐幣、手機費率	24
行李準備	26
出入境注意事項	**27**
入境卡填寫說明	27
須申報物品	28

證件申辦

打工度假簽證

打工度假簽證的功能

■資格核准起，1年內出發都有效。入境後第一天，簽證正式啟用，1年內可無限制出入境。

■可於紐西蘭工作，但不得替同一雇主工作超過3個月（無需先有工作才可前往紐西蘭，可至當地再找工作）。

■可就讀短期課程（如語言學校），不限機構與課程，全年總時間不超過6個月。

申請條件

■設籍於台灣並持有台灣護照，且護照有效期限須為抵達紐西蘭後15個月。

■18～30歲（男需役畢，未滿31歲也可以）。

■未取得過打工度假簽證。

■4,200紐幣財力證明（約新台幣92,400元，以1：22匯率換算），如何匯款到紐西蘭請見P.42。

■無子女同行。

■人格正常（無1年以上牢獄紀錄，或可疑的犯罪傾向）。

■無英語能力要求。

申辦所需文件

■台灣護照正本（建議有效期限18個月以上）。

■信用卡（記得要確定有測試過可在網路線上刷卡，VISA與MASTER皆可。目前簽證費為208 NZD，以每年移民局公告的簽證費為主。

■胸部X光體檢報告INZ1096（交件階段3個月內的報告。詳見P.22體檢）。

■英文戶籍謄本（交件階段3個月內全家戶籍謄本，辦理地點為任一戶政事務所。拿到簽證後再辦，可以節省費用）。

DATA 胸部X光片體檢指定醫院

台北台安醫院
✉ 台北市松山區八德路二段424號
☎ (02)2771-8151

台北馬偕紀念醫院
✉ 台北市中山區中山北路2段92號
☎ (02)2453-3535

台中中國醫藥大學附設醫院
✉ 台中市北區育德路2號
☎ (04)2205-2121

高雄醫學大學附設中和紀念醫院
✉ 高雄市三民區自由一路100號
☎ (07)312-1101

※為確保準確性，請先撥醫院電話確認並預約檢驗時間

DATA 紐西蘭移民局

有關簽證申請手續、注意事項，可參考移民局網址。
http 打工度假：www.immigration.govt.nz/migrant/stream/work/workingholiday

行前準備篇

簽證申辦 Step by Step

Step 1 申請打工度假電子簽證

2010年2月開始，包括台灣、中國等少數國家，限定僅能透過網路申請打工度假的電子簽證，繳費方式也只能使用信用卡線上刷卡。

採網路申請的電子簽證，開放申辦時間目前為每年的**台灣時間**6月29日06:00。由於是全英文介面，加上網頁需一頁頁填寫提交，而且名額限制600人，幾乎都是幾十分鐘就滿額。所以，要記得好好先練習網路填表操作(表格填寫流程見P.17)。

Step 2 繳交證明文件

線上申辦結束、信用卡繳費完畢後，等收到移民局第一次寄來的E-mail(確認函)，就可準備胸部X光體檢。體檢完畢後將體檢編號與英文戶籍謄本一併E-mail給專屬簽證官，然後靜心等待消息。

Step 3 列印電子簽證

一旦正式簽證獲得批准後，就可以到移民局的官網將電子簽證(e-visa)下載並列印出來(如圖)，並再次確認個人資料(例如：護照號碼、姓名等)是否正確。

WORK VISA

WORKING HOLIDAY SCHEME

Name:
Address:

Client Number:
Application Number:

Dear

Work visa under a Working Holiday Scheme
I am pleased to inform you that your application for a work visa under a Working Holiday Scheme has been approved.

Your work visa
Details of your work visa are at the bottom of this letter. Your work visa enables you to travel to and enter New Zealand before 12/07/2018. The travel conditions on your visa allow you to re-enter New Zealand multiple times after first entry.

申辦表格填寫 Step by Step

Step 1 註冊帳號

註冊後便能具有線上申請服務資格，移民局帳戶註冊網址：goo.gl/fxGnYF。

Registration Details

First Name (as shown in passport)	**A**
Family Name (as shown in passport)	**B**
Email Address	**C**
Enter a User Name	**D**
Enter a Password	**E**
Confirm your Password	**F**
Select a Secret Question	**G** Select an Option
Enter the answer to the selected secret question	**H**

By registering to use this service, you agree to the *Terms of Use* as outlined

A.護照上的名字(完全依照護照上的填寫，有橫槓「-」也要填寫，比如說Wen-Fan) / B.護照上的姓氏 / C.E-mail地址 / D.設定一組登入用的名稱 / E.設定一組密碼(選擇的密碼必須至少為7字元以上、不超過15個字元，且必須包含有：小寫字母(a-z)、大寫字母(A-Z)、數字(0-9)、至少一個字符的組合，舉例來說密碼可以是Kea8365、welc0mE!、56$alpha這幾種組合方式 / F.再次輸入一次密碼 / G.設定一組祕密問題 / H.輸入祕密問題的答案

Step 2 登入申請系統並開始填寫申請表格

A.點官網右上角的「Login」(登入)
B.點「Working Holiday Visas」(打工度假簽證)

A.點「Login or Create Account」(登入或創立新帳號)

A.輸入自己的帳號及密碼
B.按Login(登入)來登入申請系統

A.點選自己的國家(TAIWAN)

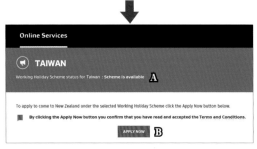

A.確認還有名額
B.點選APPLY NOW (立即申請)

Personal - Personal details

　　四大項目標籤,可直接切換各標籤填選資料。務必4項都顯示綠色勾勾才算是完成填寫,若有紅色打「×」則代表資料有誤或填寫不完全。

PERSONAL | HEALTH | CHARACTER | WHS SPECIFIC
Personal details　Identification　Occupation details

Personal details

You should complete all of the pages in this section before proceeding to the next section. The information about you is collected to determine your eligibility for a work visa under a Working Holiday Scheme.

Family name (as in passport)　**A**

Given name 1 (as in passport)　**B**

Given name 2 (as in passport)

Given name 3 (as in passport)

Any other names you are or have ever been known by.

Preferred title

Other (please specify)

Gender　**C**

Date of birth　**D**

Country of birth　**E**

Address

Important - If you are currently in New Zealand you MUST state a New Zealand address. If you are overseas you MUST state an overseas address.

Street Number

Street Name　**F**

Suburb　**G**

City　**H**

Province/State

Province/State

PIN/ZIP code

Country　**I**

Contact Details

(Please provide the telephone numbers at which you can be contacted).

Phone (daytime)

Phone (night)

Phone (mobile)

Fax

Email address
(this address will be used to contact you about this application).

Are you represented by an *immigration adviser*?　**J**

Communication method　**K**　Email

Do you have a Visa or MasterCard card available for payment　**L**

M

Important - please check the information you have entered carefully to ensure it is correct before going to the next section.

Previous　**O** SAVE　**P** COMPLETE LATER　**N** Next

A.護照上的姓 / B.護照上的名 / C.性別 / D.出生年月日 / E.出生國家 / F.街道名 / G.行政區 / H.城市 / I.國家 / J.是否為代辦 / K.聯絡方式 / L.有無信用卡可付費 / M.重要:以上為必須填寫項目 / N.下一個填寫頁面 / O.儲存資料 / P.儲存後離開,下次再填寫

行前準備篇

Personal- Identification

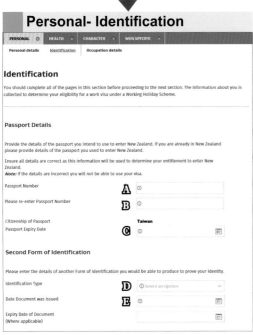

| PERSONAL ⊗ | HEALTH × | CHARACTER × | WHS SPECIFIC × |

Personal details　Identification　Occupation details

Identification

You should complete all of the pages in this section before proceeding to the next section. The information about you is collected to determine your eligibility for a work visa under a Working Holiday Scheme.

Passport Details

Provide the details of the passport you intend to use to enter New Zealand. If you are already in New Zealand please provide details of the passport you used to enter New Zealand.

Ensure all details are correct as this information will be used to determine your entitlement to enter New Zealand.
Note: If the details are incorrect you will not be able to use your visa.

Passport Number	**A** ⓘ
Please re-enter Passport Number	**B** ⓘ
Citizenship of Passport	**Taiwan**
Passport Expiry Date	**C** ⓘ

Second Form of Identification

Please enter the details of another Form of Identification you would be able to produce to prove your identity.

Identification Type	**D** ⓘ Select an Option
Date Document was Issued	**E** ⓘ
Expiry Date of Document (Where applicable)	

A.護照號碼 / **B.**再次輸入護照號碼 / **C.**護照到期日 / **D.**次要身分證明文件(請選擇National ID) / **E.**次要身分證明文件發行日期

Personal-Occupation details

| PERSONAL ⊗ | HEALTH × | CHARACTER × | WHS SPECIFIC × |

Personal details　Identification　**Occupation details**

Occupation details

Please enter details of the main occupation in which you are qualified or normally work. If you complete this section we can advise you of workplace vacancies that may be of specific interest to you.

Health

| PERSONAL ⊗ | HEALTH ⊗ | CHARACTER × | WHS SPECIFIC × |

Health

This section will help us determine whether you will meet our health requirements. Before completing these questions you must read our Health requirements leaflet (NZIS 1121). This leaflet will tell you about the requirements you may be required to complete to have this application considered.

Do you have a medical condition that requires, or may require, renal dialysis during your intended stay in New Zealand?	**A** ⓘ Select an Option
Do you have active tuberculosis (TB)?	**B** ⓘ Select an Option
Do you have any of the following medical condition(s):	
— Cancer	**C** ⓘ Select an Option
— Heart disease	**D** ⓘ Select an Option

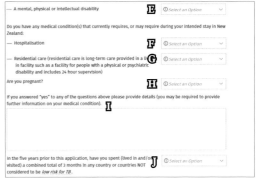

— A mental, physical or intellectual disability	**E** ⓘ Select an Option
Do you have any medical condition(s) that currently requires, or may require during your intended stay in New Zealand:	
— Hospitalisation	**F** ⓘ Select an Option
— Residential care (residential care is long-term care provided in a facility such as a facility for people with a physical or psychiatric disability and includes 24 hour supervision)	**G** ⓘ Select an Option
Are you pregnant?	**H** ⓘ Select an Option

If you answered "yes" to any of the questions above please provide details (you may be required to provide further information on your medical condition). **I**

In the five years prior to this application, have you spent (lived in and/or visited) a combined total of 3 months in any country or countries NOT considered to be *low risk for TB*. **J** ⓘ Select an Option

A.來紐西蘭是否有洗腎需求 / **B.**是否有肺結核 / **C.**是否有癌症 / **D.**是否有心臟病 / **E.**是否有心理、肢體方面的問題 / **F.**是否有住院需求 / **G.**是否有需要看護 / **H.**是否有懷孕 / **I.**若以上問題有勾選YES，請在本欄位説明 / **J.**5年內是否曾在肺結核高風險國家待滿3個月

Character

| PERSONAL ✓ | HEALTH ✓ | CHARACTER ⊗ | WHS SPECIFIC × |

Character

This section will help us determine whether you are acceptable on character grounds for a visa.

Have you ever been convicted of any offence for which you have been sentenced to a term of imprisonment of 5 years or more, or for an indeterminate period capable of running for 5 years or more?	**A** ⓘ Select an Option
Have you, in the 10 years preceding this application, been convicted of any offence for which you have been sentenced to imprisonment for a term of 12 months or more, or for an indeterminate period capable of running for 12 months or more?	**B** ⓘ Select an Option
Do you have a New Zealand removal order in force against you?	**C** ⓘ Select an Option
Have you ever been deported from New Zealand or any other country?	**D** ⓘ Select an Option

If yes, please advise the date of your deportation and the country from which you were deported:

| Date | |
| Country | Select an Option |

— Have you been charged	**E** ⓘ Select an Option
— Have you been convicted	**F** ⓘ Select an Option
— Are you currently under investigation	**G** ⓘ Select an Option
for any offence(s) against the law in any country; or	
— Excluded from or refused entry to	**H** ⓘ Select an Option
— Removed from or asked to leave	**I** ⓘ Select an Option
any country?	
If yes please provide details	**J**

A.是否曾被判刑5年以上 / **B.**10年內是否曾被判刑一年以上 / **C.**是否曾被紐西蘭驅逐出境過 / **D.**是否被其他國家遣送回國過 / **E.**是否曾被指控過 / **F.**是否曾被判刑過 / **G.**現在是否正在被調查中 / **H.**是否曾被任何國家拒絕入境過 / **I.**是否曾被任何國家請求離境過 / **J.**若以上問題有勾選YES，請在本欄位説明

A.是否曾申請過紐西蘭打工度假簽證 / B.在紐西蘭期間是否有足夠的生活費 / C.預計來紐西蘭的日期 / D.是否曾經來過紐西蘭 / E.何時 / F.當離開紐西蘭時，是否有足夠費用購買機票 / G.是否符合申請相關規定

同意聲明

Important

Make sure you understand the declarations below before you agree to them.

— I understand that if I make any false statements, or provide any false or misleading information, or have changed or altered this form in any material way, my application may be declined, or my visa may later be revoked. I may also be committing an offence and be liable to prosecution. ☐ Yes

— I understand the notes and questions in this form, and I declare the information given is true and complete. ☐ Yes

— I understand that between the time that I make this application and the time it is decided, or between the time I am issued with a visa and the time I travel to New Zealand, any relevant matter relating to my application changes, I am obliged to inform INZ. ☐ Yes

— I declare that there are no matters or warrants outstanding, or investigations of any kind, which could have any current or future effect on the assessment of my good character . ☐ Yes

— I authorise INZ to make any enquiries it deems necessary regarding the information provided on this form and to share this information with other Government agencies (including overseas agencies) to the extent necessary to make decisions about my immigration status. I also consent to any organisation providing relevant information to INZ about me. ☐ Yes

— I authorise INZ to provide information about my state of health and my immigration status to any health service agency. I authorise any health service agency to provide information about my state of health to the INZ. ☐ Yes

— I accept that any advice given to me by INZ before submitting this form was intended to assist me, and acting on that does not mean that my application will be granted. ☐ Yes

— I understand that in order to work in certain occupations in New Zealand registration is required by law. I accept that the grant of a visa does not guarantee that registration will be granted. ☐ Yes

— I understand that INZ may provide information about my entitlement to work to potential employers via the online enquiry system. The enquiry system is authorised by legislation. ☐ Yes

— I am responsible for making sure I leave New Zealand before my visa expires and that if I do not I may face removal action. ☐ Yes

— I am fully aware of the policy requirements I need to meet. I understand that if it is a condition of the scheme I am applying under I must be able to show evidence that I hold adequate ☐ Yes

— I am fully aware of the policy requirements I need to meet. I understand that if it is a condition of the scheme I am applying under I must be able to show evidence that I hold adequate medical/hospitalisation insurance cover for the time I will spend in New Zealand. ☐ Yes

Privacy Act

The information about you in this form is being collected to determine whether we will grant you a visa for a Working Holiday in New Zealand. The main recipient of the information is Immigration New Zealand , but it may also be shared with other Government agencies that are entitled to this information under applicable legislation. In particular, the Ministry of Social Development (Work and Income) may be given information about your personal resources.

This information may also be used to determine your entitlement to board a flight to come or return to New Zealand. Your personal information will not be shared with airline check in agents, however a boarding message will be returned to the airline check in agent based on information you have supplied on this form.

It is an offence to employ a person who is not entitled to work in New Zealand. One way for employers to avoid committing this offence is to check a person's entitlement to work with Immigration New Zealand's online enquiry service. If you believe that an employer has been given the wrong entitlement information via these services you may contact the Immigration Contact Center (0508 558 855) to request correction of that information

More Information and Advice

You can get more information and advice from:
— New Zealand diplomatic and consular offices.
— Any of our INZ branch offices overseas.
— Any of our INZ branch offices in New Zealand.

Details of all INZ branch offices overseas and in New Zealand and all INZ forms, leaflets, and fee information can be found on our website at www.immigration.govt.nz.

A.全部勾選YES / **B.**點選

Step ③ 線上付費

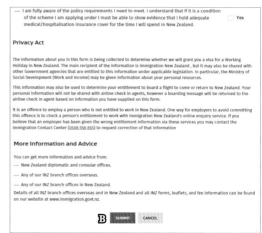

A.點選PAY NOW

Paying for Your Application

The total charge to submit your Working Holiday Scheme application is:

NZ$208.00

This amount includes the application fee and immigration levy.

To pay online, simply enter our secure payment site and follow the instructions on-screen.

This service is provided by Westpac Banking Corporation , one of New Zealand's leading trading banks and banker of the New Zealand government.

See our Terms of Use for more information about credit card payments.

 Next Step   Proceed to Secure Payment Site

A.點選Next Step Secure payment site

Online Payment

Please provide the name of the person who is paying the fee. The name that is provided here will appear on the payment receipt.

Payer Name　　**A**

Please note:
- Our online payment service only accepts payments using Visa and MasterCard. It will not accept Diner's or American Express or any Eftpos or Bankcards.
- Move forward only if you're ready to pay.
- You'll need to have your credit card details ready before moving to the next screen.
- *The transaction may take some time. Please ensure that you do not close your browser before payment is completed. Please note that if you are disconnected from the payment site your payment status may not be updated for 20 minutes.*

B OK　　CANCEL

A.填寫英文姓名 / B.點選OK

Immigration - WHS

1: Select your preferred payment method
Pay securely by clicking on one of the payment methods immediately below...

MasterCard　VISA

點選付款卡別

Immigration - WHS

Amount: **NZD $208.00**　Card Type: **Mastercard**

2: Enter Your Card Details

A Card Number:
Card Security Code *
B
C Expiry Date: 01 ∨ 2017 ∨
* 3 digit code after the card number on the signature panel of your card
D Name of Cardholder:

E Pay Now

A.信用卡卡號 / B.卡片後三碼 / C.信用卡到期日 / D.持卡人英文姓名 / E.點選Pay Now繳費

Online Services applications

You can apply for and review your application for one of the following:

Expression of Interest

Click here to apply

Working Holiday Schemes

Application	Description	Status	Payment Status	Date Selected
1234567	Taiwan Working Holiday Scheme	Application Received	Received	-

---

體檢

Step 4　確認申請狀態

　　回到主畫面後可以確認目前簽證的申請狀態，點選Check my applications就可以看到詳細申請狀態。

　　當頁面Status與Payment Status皆已顯示收到(Received)，表示已成功送出表格並被接收，這時可以開始準備體檢與戶籍謄本。

　　紐西蘭政府注重健康衛生及環境維護一向有名，因此為了保護該國，政府對於具高度傳染性的肺結核病例就相對謹慎，而胸腔X光就是用來檢測結核病的檢驗。由於前來紐西蘭旅遊的外國人數已日漸增多，紐西蘭政府自2004年起，便對移民族群展開了肺結核的過濾工作。

　　當地衛生單位更表示，每一年，每一宗的肺結核病歷，都會影響到10～15個人，在紐西蘭每一年所發生的3、4百個肺結核病歷中，有過半都是

來自海外的人士。台灣處於高肺結核病傳染國家之一，因此對於長期居留當地的打工客，政府會要求胸腔X光檢驗。

當成功線上送出簽證後（收到第一封Email）就可以開始準備體檢（INZ1096），必須到指定醫院檢查才是有效的體檢報告；這是一份針對檢查肺結核病的體檢，針對此體檢你需要準備：

■ 查詢移民局指定體檢醫院，查詢網址：goo.gl/Xg3gtB，台灣指定體檢醫院（見P.16）。

■ 每家體檢醫院所要求的預約體檢方式與需要攜帶的證件及費用會有些許不同，爲了保險起見，在前往醫院檢查之前請先打電話詢問。

護照

對象爲護照有效期未滿18個月或新申辦護照者，約4個工作天即可取得，目前新申辦的護照都是晶片護照，詳細申辦方法可上網查詢。

DATA

外交部事務局
🌐 www.boca.gov.tw
🕐 週一～五08:30～17:00(中午不休息；週三至20:00)

台北
✉ 台北市濟南路一段2-2號3～5F
📞 (02)2343-2807～8

台中
✉ 台中市黎明路二段503號1樓「行政院中部聯合服務中心」
📞 (04)2251-0799

高雄
✉ 高雄市成功一路436號2樓
📞 (07)211-0605

花蓮
✉ 花蓮市中山路371號6樓
📞 (03)833-1041

※以上資料時有異動，出發前請再次確認

申辦所需文件

■ 護照申請書（可至現場取得）
■ 身分證正本及影本
■ 護照用2吋大頭照2張（6個月內，不可同身分證）
■ 舊護照（重新申辦者才需）
■ 兵役相關證明（如退伍令或未服役證明）
■ 護照申請費用新台幣1,600元
■ 未滿20歲者，須監護人身分證影本及簽名

入境文件

以下爲官方建議條件，但無明文規定證明的格式，也不是強制要求每個人出示，目的是希望旅客自主，確保在紐西蘭時即使短期間找不到工作也可以有錢生活（財力充足）；發生意外或受傷時也有保險保障個人（醫療保險）。

■ 英文版財力證明（請銀行開立，需存入4,200紐幣，若是1：22匯率，約新台幣92,400元）。
■ 醫療保險證明（健保卡正本或影本，或是保險公司證明文件）。

國際駕照

除了可作爲第二身分證明，在紐西蘭開車可持國際駕照合法行駛。可至各縣市監理所辦理，攜帶國民身分證、護照、駕照、2吋照片2張、規費新台幣250元，若有交通違規罰款案件沒處理，則無法申辦。此外，爲了租車便利，建議將台灣駕照也一併帶去。

國際卡片

申辦一張青年旅館證（YHA）或是國際學生證（ISIC），對於日後旅遊住宿或是購買活動行程（如高空彈跳、跳傘等等），都會有低於一般遊客的折扣。國內或至紐西蘭當地皆可申辦。

DATA 申辦網站

http 中華民國國際青年之家協會網站：
www.yh.org.tw/member.asp

http YHA紐西蘭官網：www.yha.co.nz/membership

http BBH官網：goo.gl/jFyR1W

※以上資料時有異動，出發前請再次確認

可在全球青年旅遊組織網址：www.statravel.org.tw/iyhf/card.asp線上申請，或親洽各北中南分區代理旅社辦理（請先打電話確認）。尚有國內其他代辦，如飛達、中華民國旅遊資訊協會、中華民國國際青年之家協會等。

YHA申請辦法

■ **國內申請**：費用新台幣600元，可至中華民國國際青年之家協會申請。

■ **當地申請**：費用25 NZD，紐西蘭各大YHA都可申請。

BBH申請辦法

■ 費用45 NZD，至BBH官網申請。

行前規畫

背包客必看網站

背包客棧：紐西蘭打工度假
工作、買車、住宿資訊超多。

http 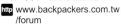 www.backpackers.com.tw
/forum

紐西蘭移民局
申請簽證的網站，請常爬。

http www.immigration.govt.nz

購買機票

若停留接近一年時間，可以考慮購買來回年票（使用期限一年內的機票）會比較划算。以機票價位來說，轉機點越多會越便宜，不過所需要的時間相對地拉長許多，若想買到划算機票可以先利用網路，查詢各家航空公司或旅行社的定價。近年來廉價航空盛行，價格非常優惠且吸引人，但要注意的是票價通常不含託運行李，在訂購機票之前記得看清楚。

許多航空公司會推出打工度假方案，有些提供優惠票價，有些則是放寬行李託運重量。舉例來說，國泰航空對於在2018年前往紐西蘭打工度假的朋友，不論從台北、台中或是高雄出發，均提供優惠機票；新加坡航空則是增加行李託運重量達40公斤。

🌐 國泰航空2018年紐澳打工度假優惠：goo.gl/tBggcK
🌐 新加坡航空歐洲及紐西蘭打工度假優惠：goo.gl/giKL8Y

DATA 機票哪裡找？

背包客棧網站機票比價
🌐 www.backpackers.com.tw/forum/airfare.php

捷星廉價航空
🌐 www.jetstar.com/tw/zh/home

亞洲航空
🌐 www.airasia.com/tw/en

保險

台灣健保

國內健保有給付國外醫療所產生的費用（可依就診證明請領），不過以每月700多元的長期負荷來說，較投保國內其他保險為高。若本身已有額外投保海外醫療等其他保險（如意外險），可以考慮停保，節省保費。

但沒停保也有好處，在國外發生緊急傷病、在當地醫事機構自費就醫時，可以向健保署申請核退墊付的醫療費用。

DATA 停保辦理辦法

1. 投保在公司行號、工會、農漁會的人，需洽原本的投保單位申請停保。
2. 在區公所投保的人，可線上辦理停保。
🌐 衛生福利部中央健康保險署：www.nhi.gov.tw

海外就醫申請健保核退

文件準備：在國外旅遊或洽公發生緊急傷病或生育，必須在當地醫療院所立即就醫時，事後準備好下列文件，可以申請核退醫療費用。
■ 全民健康保險自墊醫療費用核退申請書。
■ 醫療費用收據正本及費用明細，如為中、英文以外之文件時，應檢附中文翻譯。
■ 診斷書或證明文件，如為中、英文以外之文件時，應檢附中文翻譯（住院案件者：另檢附出院病歷摘要）。
■ 當次出入境證明文件影本。

申請期限：上述緊急傷病或緊急分娩的醫療費用，一定要在急診、門診治療當天或出院當天起算6個月內（被停卡者在繳清相關費用之日起6個月內）提出申請。

申請方式：可由保險對象本人（法定代理人、法定繼承人）或受委託人向健保署分區業務組辦理核退手續，也可親洽健保署各分區聯合服務中心或以掛號郵寄方式提出申請；如尚未返國，可以委託他人代為申請（需出具委託書）。

海外保險

外國人於紐西蘭就醫並不便宜，看感冒等小病可能單次就要付超過千元新台幣，對有意長期滯留紐西蘭的人而言，有必要投保旅遊醫療保險或相關意外險。在台灣投保海外疾病醫療保險比較

25 Working
So Easy!
Holiday in New Zealand

行前準備篇

便宜，保險產品變化多元及快速，可以多比較與詢問保險公司，說明出國目的與內容，選擇最適合的保險。

特別需要注意的是，在國外就醫時有些國內保險公司會要求保險人需在6個月內或一定時間內提出理賠保費，因此除了要收好理賠所需的資料，如就診收據、診斷證明等等外，也要留意可提出理賠的時間範圍，以免錯失應有的保險金。

可以在紐西蘭保險嗎？

紐西蘭當地多數的保險公司都有提供醫療保險選項，甚至有針對學生族群推出的保險專案。保險費用附加性多，如果只是單純投保醫療方面的保險，金額大約1年520 NZD左右，包括財產失竊險約要750 NZD(南十字星保險，網址：southerncross.co.nz)，投保期限短至1個月長至1年，投保期間越長越便宜，如有意於紐西蘭投保，建議可以找當地留學仲介。

汽機車

汽機車若長期無人使用，機械特性長期停滯不用，將造成日後故障的可能。建議至車行詢問長期停駛的因應措施(如電池取下、油箱洩空等)。針對汽機車的燃料、牌照稅也應注意繳納，以免受罰。

兌換紐幣

先上網查匯率(尋找匯率之現金賣出)，再電話詢問可兌換外幣之銀行分行是否有現鈔可供兌換，年滿20歲持身分證匯兌即可。可換紐幣現鈔的銀行有台銀、台新銀、澳盛ANZ、兆豐等。

台灣銀行
http www.bot.com.tw

兆豐國際銀行
http www.megabank.com.tw

手機費率

雖然台灣使用的手機號碼，大多數電信業者有提供漫遊服務，但通話費率昂貴不如在當地申請新的預付卡或月租型較為划算。因此台灣的手機門號在無法保持原號、停止付月租費的因素下，建議將月租調整至最低費率，或更改成預付卡型費率，保留原號，繳交比低月租費率1年下來更少的費用，可省下一筆開銷。

撥台灣手機，費率約22台幣/分鐘，簡訊8台幣/則。以紐西蘭知名電信Vodafone為例，加值19 NZD的電信方案(方案名稱：Kiwi Favourite)包含750MB網路流量、150分鐘的當地及澳洲通話、紐澳電信號碼簡訊無限制，最特別的是當月未用完網路流量可累積至下個月，但前提是下個月也必須是有加值的情形，舉例來說8月剩下200MB的網路流量，如果9月沒有繼續加值，8月所剩下的網路流量就不能夠累積到9月使用。

在紐西蘭購買的方案流量或是通話分鐘數，若在下次加值前就用完，都可以另外加值網路或是通話分鐘。

行李打包

轉換電源插頭

紐西蘭電源插座為三洞八字形，220V。因與台灣插座外型及電壓都不同，所以必須額外準備轉換插頭或萬用轉換插頭。

■轉換插頭：可至大部分大型電器行購買。

■變壓器（選擇性）：需額外注意自身電器用品可否適應220V電壓，否則需再加購。

皺著眉頭的三洞八字插座

行動電話

GSM（2.5G或2G）及WCDMA（3G）系統在當地皆可使用，還可以3G上網LINE喔。

相機

不論是傻瓜相機或單眼相機皆可，美景當前絕不可錯過。

電腦

輕便的小筆電或平板電腦，可讓你平時上上網、寫寫信，或更新一下FB最新動態。

寬頻網路線

CAT 5（RJ45接頭）網路線，可以在沒有提供無線網路時派上用場。

電腦用耳機與麥克風組

可用於網路通訊（如Skype、LINE）。

隨身碟、記憶卡、讀卡機

作為數位照片備份或臨時檔案存取所需。

睡袋

環島旅行要睡車上來節省住宿費，這時萬用的睡袋就派得上用場了；但大部分青年旅舍擔心住戶使用睡袋，在發生火災時會阻礙逃生，禁止使用。如果你怕旅舍提供的棉被太髒，可準備保潔床包。

熱水袋

剛抵達時對於不習慣寒冷氣候的我們而言，紐西蘭的冬天會顯得格外地寒冷。可以從台灣攜帶熱水袋來或在當地購買。只要加入熱水後即可有個隨身在懷的保暖裝置。

藥品

攜帶常用的藥品，像是胃藥或感冒藥等可以作為緊急或臨時性的需要，避免初到異地環境的不熟悉或不適應。不過特別要注意的是，藥品在入境海關或填寫入境卡時必須要申報，誠實告知攜帶少量的藥品，附上預先書寫好的英文藥物名，一般都能順利通行。

出入境注意事項

入境卡填寫說明

- 全部用英文大寫填寫
- 兩面都要填寫
- 入境後有農產品申報物走「Goods to declare way out」；沒有則走「Nothings to declare way out」。

須申報的物品

任何植物、剪枝、根莖、種子等

動植物產品，如傳統或植物性藥物、檢康補給品等

花粉、蜂膠、蜂巢等其他蜂蜜產品

生或乾的植物與蔬菜

所有木製品、竹製品，如鼓、雕刻物、面具；動植物如甘蔗、椰子、頭髮、羽毛、生羊毛、動物皮、骨頭；內填充茅草或種子填充物

所有肉類、魚、各家禽肉

可能沾黏大量泥土、種子或水的戶外用品，如登山鞋、登山設備

嚴格的行李規定

　　出入境紐西蘭均需分別填寫出入境卡，由於農牧業基礎存在於紐西蘭許多經濟活動上，為了保護當地產業與無工業污染的環境，因此對外來旅客攜帶動植物產品非常嚴格。在最後的入境檢驗關卡裡，很可能會被要求打開行李箱整個查驗，旅客不可攜帶含有動物、植物、肉類、水果、蜂蜜的產品，違者將處以嚴厲罰款，因此誠實申報不但是對自己國家的聲譽尊重，更是尊重當地法令的榮譽表現。建議行前上網查詢最新限制或禁止資訊。

http 紐西蘭海關：www.customs.govt.nz。

提早前往機場

　　前往機場搭機時，由於行李要經過秤重、辦理離境手續等，不同於在國內可以輕鬆地用自己的母語溝通。一旦時間耽擱了，飛機可是不等人的，建議一定要在班機起飛2小時前到達機場。

Working Holiday

In the south-western Pacific Ocean. Polynesians settled New Zealand in 1250 – 1300 AD and developed a distinctive Maori culture, and Europeans first made contact in 1642 AD.

New Zealand

行家經驗談

在這章節中,集結了申請人最常遇到的簽證問與答、分享語言學校和Homestay的經驗談,也和大家說說異鄉生活的甘苦談。

簽證申請常見Q&A	30
Homestay經驗	32
工作簽證經驗	32
生活在他鄉	33

簽證申請常見 Q&A

Q1 簽證的申請方式是以抽籤的方式取得的嗎？

不是，簽證名額是「先搶先贏」，也就是說，申請日當天能夠在前600個名額內遞出申請，並且付款成功的申請者就可以獲得名額。

Q2 簽證真的這麼難搶嗎？

每年申請人數往往高於開放名額非常多，開放申請當天移民局網頁都會被灌爆，所以其實真的要看幸運女神是否眷顧你，有人連搶了3年都搶不到，但也有人一次就搶到；幸運固然重要，但也得提前做好搶簽證的準備，才能過五關斬六將。

Q3 英文能力不好也可以到紐西蘭打工度假嗎？

當然可以！不過紐西蘭主要的溝通方式是以英文為主，如果本身英文能力不好的話，在工作機會以及生活這兩方面會比較吃虧一些，畢竟這裡還是講英文居多，所以可以趁著還沒出發前快點惡補一下英文，免得剛抵達時會「鴨子聽雷」。

Q4 打工度假一年後英文真的會進步嗎？

延續上一題所說的，紐西蘭是一個以英文為主要溝通方式的國家，在當地不管是買東西、吃東西、問路、找工作，幾乎所有的食衣住行育樂都需要用到英文，當然也可以使用中文來處理一些事情，比如申辦銀行帳戶時，可以另外指定中文服務人員，但我覺得這就失去了到其他國家生活的意義。

英文進步與否，也要看個人的選擇及目標，有些人來到紐西蘭後，生活、工作仍充斥著中文，與在台灣時沒什麼兩樣，這樣的方式當然進步空間不大；相反的，若你選擇一個全英文的工作及生活環境，多少會促使你的英文能力進步(被動的進步)，再加上自己本身也非常努力地看影集學英文，甚至常常找當地人聊天(主動的努力)，當然後者的進步速度及空間會非常地大且快速，所以真的不是「人在國外英文就會進步」，而是需要有些選擇與努力，不過多練習一定會進步的，許多人來這邊一年後，英文真的進步許多。

Q5 打工度假真的可存一桶金嗎？

消費高但時薪不高的紐西蘭，與其他國家打工度假相比，要在一年內存到一桶金會比較困難；而且打工度假(Working Holiday)原本的用意其實不在存錢，而是讓簽證持有者能夠體驗當地生活或者旅行，並可以短期工作來作為旅行或生活的基金。

Q6 護照快到期可以申請嗎？

可以，不過當局有規定護照必須在抵達紐西蘭後仍有至少15個月的效期才可以申請，因正式簽證信上會印有護照號碼，為了保險起見，建議先換好新護照後再來申請簽證。若是事後需要更換護照，則必須向移民局聯絡，他們會進行簽證上護照號碼的轉移。

Q7 付款時所使用的信用卡需要事先開立外幣帳戶以供扣款嗎？

不需要，雖然說簽證費是紐幣(NZD)，不過在你使用信用卡付簽證費後，信用卡公司會直接將這筆簽證費換算成台幣，屆時你會在信用卡帳單上看到一筆由紐幣換算成台幣的費用，所以在這之前，你得先確定你的信用卡有足夠的額度可扣除喔！

Q8 申請簽證當天是否會檢查財力證明？

不會，這項證明文件是在你入境紐西蘭時會被紐西蘭海關抽檢的文件，申請當天只需要正確快速地填寫申請表格，並在名額內付款成功就可以囉！

Q9 可以事先練習簽證申請嗎？

絕對不行！每年都會有很多申請人因為想提前熟悉申請表格，而利用別的國家身分練習，結果不小心送出申請，導致被移民局系統查到，使用了非本身國籍申請紐西蘭打工度假，等到輪到台灣申請當天，就算你幸運地搶到簽證，畢竟曾以別的國家身分謊報申請，所以會因為之前在移民局所留下的紀錄而被取消簽證資格，嚴重者甚至還會有未來被紐西蘭拒絕入境的可能。

我已經看過不少類似的案例，而且每年都會發生，當事人事後都會非常後悔；在這邊再次強調並提醒大家絕對不要練習，只要好好地看申請流程、熟悉簽證表格就好。

Q10 拿到正式簽證後，多久要出發？

移民局核發正式簽證(E-Visa)後的12個月內必須入境紐西蘭，在正式簽證上面也會註明這份簽證的到期日。

Q11 本身有先天疾病可否成功申請到簽證？

在申請表格中有個頁面是要填寫關於健康的部分，請申請人務必誠實依照選單上的問題填寫本身的健康情況，不可造假；但無法保證是否能夠順利拿到正式簽證，因為最後還是要看紐西蘭移民局及簽證官是否批准正式簽證給你囉。

Q12 成功付款也順利拿到正式簽證後，可否自願放棄簽證名額？

可以，不過一旦放棄資格，以後就再也不能申請。我覺得直接放棄名額有點可惜，請在申請簽證前詳加考慮。

DATA 申換護照

申換護照可上外交部網站查詢相關資訊。

http 外交部網站：https://goo.gl/keplxf

http 紐西蘭移民局網站：https://goo.gl/nz8vus

Homestay經驗

為了更快地融入或是體驗當地生活以及英文能力的進步,選擇居住在Homestay就非常有必要,只是價位會讓人有一些猶豫,但我覺得這都是值得的。決定就讀語言學校後就立刻申請Homestay,申請到後便抱著憂心的心情前往Homestay,為什麼會說憂心呢?在入住之前已經詢問過許多住過Homestay的朋友,大家的評價都是好壞參半,所謂好的Homestay讓你上天堂,壞的會讓你住得怨言很長。

非常幸運,我遇到了待我親切又關心的Homestay,除了平常的談話甚至還與我聊起台灣美食以及位處於國際、政治尷尬的位置,一個好的Homestay會讓孤身處在國外的你感受到有家的溫暖感覺,在結束後還會繼續聯絡,互相地關心。

工作簽證經驗

如何申請工作簽證?不用花錢請律師,自己也可以申請!

狀況實例

在就職期間工作能力獲得讚賞的友人,某天公司主管告訴他,若想續留並且為公司效力的話,可以提供相關證明文件,就讓他繼續留任公司,也就是要他申請工作簽證的意思。友人在不加思索的情形下,立馬答應公司主管的提議,沒想到公司只將申請所需的文件交付友人後就放水流,完全沒有任何經驗,他本來想花錢請律師幫忙,但我告訴他不需要花錢,並幫他完成了申請。

在他完成體檢、線上遞出申請後約2個星期,工作簽證就被移民局批准了。

解決方法

工作簽證(Work Visa)目前有2種方式可申請,第一種是線上申請,最為方便簡單;第二種則是傳統的書面申請,只需要下載該簽證所需填寫的申請表格,填寫完畢後以掛號方式郵寄至移民局就可以了,完全不需要假他人之手。

因應申請的工作不同,分有好幾種工作簽證,需提交的文件和表格都各有差異,建議利用線上申請,省事、環保又快速!

移民局辦公室

行家經驗談

生活在他鄉

投遞飯店履歷必經過程：求職信回覆

找工作，把握最高原則：用力打機會大！

25 Augest, 2006

好冷！　樂天

「親愛的夏恩先生，謝謝你應徵本公司這次的職務。由於本公司目前並無適當的職務符合你的需求，所以很抱歉……」

拿著手上第五封由飯店寄出的求職回應信，雖然落選卻也發出傻呆的笑聲，為瘋狂的發CV計畫。嗯，不錯，有受到公司官方式的尊重。收到了紐西蘭人寄給我這台灣人的英文信封……留下做紀念！

連續2週的市區掃街式飯店履歷投遞計畫，一封接一封的回信出現在信箱，而我也一封封的將它們收好封存，作為我走斷腿當流浪漢的補償。再拿出來看一下好了！ˋˋˋ……有沒有搞錯啊？我到底做錯了什麼？我這麼高級的人才，竟然……

「預祝你找到適合的職務。」

「Yours sincerely」

我又傻笑了一次……

貼心的Rosa也是位優秀的英文老師　　Hawke湖旁邊的鹿群，是活生生的景色

可愛的老外竟是我們？

29 January, 2007

涼　　　好笑

「It's not very warm, eh?」「Yes, it's not⋯⋯」Rosa當場表情看起來複雜，對我的「Yes, it's not」沒再有其他回應，不予置評。聊起了對她簡單、對我沉重的「中式英文」，這句「Yes」在住了老半天的紐西蘭，終於在一本從圖書館借回來的英文書裡水落石出。

Rosa之所以心情不爽，就是明明在天氣不暖和的情況下，我這「老外」用著認同她的口吻對她說「不會啊！天氣不暖和耶！」這句被問了幾十次的對話，終於在經歷9個月後被我這位外國人解開。在教科書裡看到為此特別解釋說明的那

刻，差點想衝到她面前向她宣布我「新發現的英文」，那時心裡真的滿懷愧歉，對不起她到了極點。在不久後一次的聊天中，我趕快用著一秒連眨10次的小寶寶眼睛，以做錯事姿態向她告解我以前回應的錯誤。呵呵！別這樣嘛，我們都是口齒不清的小寶寶。她笑了。幾週的時間過去後⋯⋯我又說錯了！這次她可笑了。瞧！我就說我們是可愛的老外吧！

PS.啊～忘記講了啦！就是當認同別人時，否定問句後要回答否定句(例：「Not very warm, is it？」「No it's not！」)；肯定句則回肯定句。

接近秋天的Wanaka，除了閃亮的湖色，還有聞名的黃金白楊樹

終於來到傳說中的Lake Wanaka

剛上客運前往Wanaka的一大早，天氣就一掃了昨日的雨，露出典型紐西蘭晴空寶寶藍色系。客運裡同車的日本老夫婦看我拿起相機在車上喀嚓喀嚓，也立刻加入了行列，全身行家配備的日本伯一樣招架不住美景的誘惑。還沒到目的地，途經的Hawke湖就差不多已經達90分的油畫級標準，我的天！紐西蘭好像到處都是湖，一個接著一個地來，驚喜不斷，像置身夢境與現實，讓人有瀕臨嗑藥的錯覺，還真煩。

到達了傳說中的Wanaka，趁著時間不晚、保持著3天2夜遊全紐的精神，火速直奔旅客中心。

半路，一對年輕男女驅車對著我說「Hi」，心裡直覺就對這地方起了好感。雖然錯過了傳說中的黃金秋季Wanaka，但在隨後的沿湖漫步後，心裡卻已被湖邊小鎮的閃亮湖色、遠處白雪蓋頂的壯景徹底征服，風帆、垂釣、獨木舟和孩童戲水，相機記憶卡裡塞爆了這些Wanaka的迷人，開心得不得了。

天色暗了，走回BBH的路上，迎面敞篷車美女招手說「Hi」！我看，多住幾天好了，哈！

Rosa的右駕愛車——可樂娜

心跳加速開著手排車，爽度100

18 December, 2006
涼　　　　　過癮

　　由於在外和人租屋通常要共同分攤家務，因此室友Rosa曾經不下一次說過，有機會應該讓我學著開她的豐田CORONA，協助家裡的公共事務，繳電費、載瓦斯等……讓我這肖想開車者不停期待，但這件事一直像泡泡一樣飄渺了半年，直到家裡要在聖誕節前搞個裝修，我們被迫搬去Rosa朋友那遠在天邊的家，我的2週開車生涯才展開。

　　搬完家那天，Rosa花了大概2個小時，把我放

在她那熱騰騰的手排車裡，折磨了像半個世紀那麼久……不同駕駛方向、車道，加上生鏽的手排開車印象，我在她的道路教學下，「生命值」幾乎剩半滴！

　　搭了半年的公車，走路去搭車又走路，對我這台灣機車族可是好生不便，配了專車後……嘿嘿，除了可多留點時間睡覺，還可到處趴趴走。萬歲！發動引擎想去哪就去哪的豪邁感，根本就應該來搭配我雄壯的外形……身高166。

In the south-western Pacific Ocean. Polynesians settled New Zealand in 1250 - 1300 AD and developed a distinctive Maori culture, and Europeans first made contact in 1642 AD.

New Zealand

打 工 賺 錢 篇

打工族如何找工作；所賺的錢怎麼辦理退稅。對於個個有信心，人人沒把握的求職歷程，整理出工作類型、來源管道的重點分析，讓你抓住重點少吃苦頭。工作需要的銀行開戶、面試經典對白還有極重要的工作退稅程序也是非看不可。

申請稅號	**38**
稅號申請Step by Step	38
銀行開戶	**41**
填寫IR330 Step by Step	42
退稅申請	**44**
IR3表格填寫說明	46
打工類型	**49**
工作來源管道	**54**
網路	54
仲介	56
報紙、黃頁簿	57
逛街與布告欄	58
通過面試小工具	**59**

申請稅號

在 找工作之前，打工度假的簽證持有者首先要做的就是申請IRD號碼，因為合法領薪工作必須繳稅給紐西蘭政府，因此需要你專屬的IRD。

稅號申請方式

目前最新最快申請稅號的方式為線上申請，不需要再如同以往一樣下載表格後填寫等等的繁雜手續，只要打開電腦輕輕鬆鬆就可以在家申請好稅號，也不需要擔心語言不通的自己會聽不懂承辦人員交代的事情，十分便民。

一旦有了IRD號碼後，對於日後的求職才算合法，並可申請退稅，但切記在上網申辦稅號前，一定要先有一個全功能性（Fully functional）的銀行帳戶，並且需跟銀行申請IR984來證明帳戶為全功能性的銀行帳戶。

> **DATA 稅號申請網站**
>
> http 紐西蘭IRD網站：www.ird.govt.nz
> http IR984表格下載網址：www.ird.govt.nz/forms-guides/number/forms-900-999/ir984-documents-confirm-nz-bank-account-fully-functional.html

稅號申請 Step by Step

Step 1 進入紐西蘭IRD官網

A.點選「Registration」（註冊）
B.點選「Apply for individual IRD number」（申請IRD稅號）

Step 2 申請身分

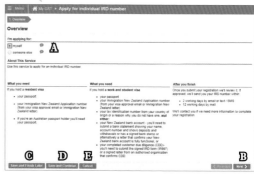

A.是為了誰申請？多數人都是為自己申請稅號的，故請選擇「myslef」/ B.下一個申請頁面 / C.儲存與結束 / D.儲存與繼續申請 / E.取消申請

Step ③ 認證身分

A.護照上的姓／B.護照號碼／C.出生年月日／D.護照上的國籍／E.Application Number(申請號碼)：非Client Number (5xxxxx)；若不確定自己的Application Number，可以登入移民局系統後至Check My Applications查詢，或在申請簽證的Email信件主旨會有顯示／F.★以上資料為必填寫。「同意聲明」／G.回上一個申請頁面

Step ④ 填寫申請資料

請依照申請人本身的情況來回答。

A.名字、姓、出生年月日，這3個項目會從移民局自動帶入資料，但需要再次確認資料是否正確／B.之前是否曾註冊過IRD

Step ⑤ 聯絡資訊

A.想要以下何種方式收到IRD number：電子郵件、簡訊、郵寄／B.填寫電子郵件／C.填寫手機號碼／D.填寫聯絡電話／E.你可以現在就先設定好myIR帳號的使用者名稱，或之後再設定；若想現在設定請勾選，並填上myIR帳號的使用者名稱／F.填寫目前在紐西蘭的地址

Step ⑥ 註冊資訊

A.申請IRD稅號的主要原因：請點選Employment in New Zealand(在紐西蘭工作)／B.申請者為非居民約聘者或非居民季節工作者？／C.額外的身分證明，兩個選項擇一，並填上紐西蘭銀行帳號。基本上會選擇第一項，有一個全功能性(Fully functional)的銀行帳戶／D.Attachments：需上傳申請人紐西蘭銀行帳戶證明，這份證明需要有申請人的姓名、帳戶號碼等資訊。申請人可以把IR984拿給銀行專員並告知要申請IRD，專員就會知道如何幫你申請符合規定的文件／E.是否在自己的國家有TIN稅號？因台灣沒有TIN稅號都是以身分證字號來報稅，故點選「NO」

Step 7 再次確認申請資訊

A.檢查所有填寫申請的資料是否正確 / **B.**勾選同意聲明(如圖) / **C.**送出申請

Step 8 開通並註冊myIR帳號

點選官網頁面的「Register」。

Step 9 輸入IRD NUMBER

在空格內輸入你的IRD NUMBER後,點選「Continue」。

所得稅稅率

依2011年4月1日紐國「最低工資法」(Minimum Wage Act)規定,紐西蘭16歲以上勞工最低基本工資,為稅前每小時15.75 NZD。紐西蘭所得稅稅率:個人稅率部分採總收入分金額範圍累加計算,以年收入65,000 NZD為例,1～14,000區間為14,000×稅率10.5%;14,001～48,000區間為33,999×稅率17.5%;48,001～65,000區間為16,999×稅率30%,以上加總後,總稅金約為12,519.525 NZD。

薪資區段	稅金
48,001～65,000	→ 16,999×30%
14,001～48,000	→ 33,999×17.5%
1～14,000	→ 14,000×10.5%
65,000	= 12,519.525

勞資糾紛小提醒

工作如遇勞資糾紛,或遇不法雇主,可洽詢下當地申訴機構Employment Relations Authority,網址dol.govt.nz/er;或諮詢專線0800-20-90-20,若怕語言有障礙,也可以要求提出Language Line服務(免費語言翻譯仲介)。

奧克蘭(Auckland)
✉ Level 10, 280 Queen St
☎ 09-970-1550

基督城(Christchurch)
✉ 69 Nazareth Ave
☎ 03-964-7850

威靈頓(Wellington)
✉ 50 Customhouse Quay
☎ 04-915-9550

銀行開戶

　　一旦打算在當地生活，開立一個銀行帳戶是必須且簡便的，一方面方便工作時雇主薪資的發放，或是使用EFTPOS；另一方面可以避免支付國內塑膠貨幣額外的手續費。大城市多數的銀行都設有華人行員，協助華人辦理銀行開戶作業，可以避免因為英文金融術語方面的認知不足造成困擾，開戶時可以多瞭解與詢問意見。

銀行選擇

　　當地銀行的選擇，大致可以分為BNZ（紐西蘭銀行）、ASB、Westpac、Kiwi Bank、ANZ五家大銀行。其中Kiwi Bank是政府資助之金融機構，類似台灣的郵局，一般都和紐西蘭郵政聯合營運。

自動提款機最多的是BNZ銀行

　　目前整個紐西蘭而言，分行最多的是Kiwi Bank，自動提款機則是BNZ最多。

　　不同的金融機構提供的收費與服務都不同，例如在頻繁使用EFTPOS的情形下，就該考慮申辦銀行所索取的EFTPOS手續費，與每次ATM提款手續費（上述兩類泛稱為Electronic Transactions）的計算方式、每月基本費（Monthly Base Fee）等，有些銀行會針對特定年齡群與身分在特定的帳戶中提供優惠，例如在當地就學領有學生證或是年齡低於30歲等條件，不收取基本費或是免各種手續費，這些都應該在開通銀行帳戶時多詢問比較。

　　另外，和台灣不同，多數紐西蘭銀行不提供存簿來掌控積蓄，而是利用提款卡、網路、電話來做金錢管理。

information

　　EFTPOS (Electronic Funds Transfer at Point of Sale)遍及紐西蘭的銀行提款卡扣款購物方式，刷卡時輸入密碼，直接從銀行帳戶進行扣款。提款卡除了用在ATM提款外，在使用EFTPOS消費時也可以同時向店家要求「Cash Back」提款領錢，省去額外的ATM手續費。

※網路銀行盛行，部分銀行像BNZ開戶也可以網上辦理，後續再補證明文件

開戶方法

開戶時，銀行通常會建議顧客將日常生活的花費存放在提供平日提領的帳戶（通常為Check Account），另一帳戶則是拿來儲蓄較不常動用的儲蓄帳戶（通常為Saving Account），申辦時要詢問清楚，方便日後使用EFTPOS。

開戶所需證件

在紐西蘭開立銀行帳戶需要有幾種證件所需文件，通常會是護照、簽證、當地的地址證明這三種文件，各家銀行要求開戶所需要的文件會有些許不同，以各家銀行要求為主，可以在開戶前先做確認免得白跑一趟。

如何匯款到紐西蘭

在紐西蘭有了自己的銀行帳戶後，日後若是有需要可以自台灣的銀行（如：台灣銀行、中國信託、匯豐、ANZ）利用電匯（Telegraphic Transfer）至當地銀行。

匯款所需資料與證件

切記盡量提供台灣收款人詳細的細節，以免匯款失敗多跑一趟。此外由台灣匯款至紐西蘭，台灣及紐西蘭當地的銀行兩邊皆會收取大約5～30 NZD的手續費。匯款時備妥上述資訊、證件至銀行申辦匯款至國外業務，填妥申請表即可。

- 該銀行在紐西蘭的銀行名
- 分行名（Branch name）
- 城市與國家（銀行地址）
- 銀行財通代號（Swift code）
- 戶名、帳號
- 身分證、印章

入籍資料

找到工作之後，雇主會發給你一份交至稅務局的稅號聲明表格，申報你的稅碼，是進入該公司時所需繳交的資料，對於有繳稅的工作者而言，是一份必備的表格。通常公司應主動提供無須額外索取，亦可上網填寫資料後列印繳交雇主。

填寫 IR330 Step by Step

Step 1 登入網站

在網頁上方搜尋（Search）欄位，填入「ir330」搜尋。 🔗 ird.govt.nz

Step 2 下載電子表格

Step 3 填寫資料

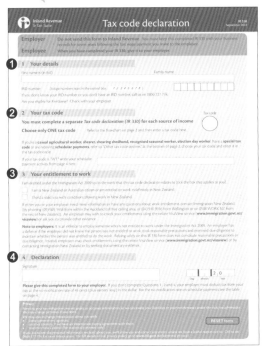

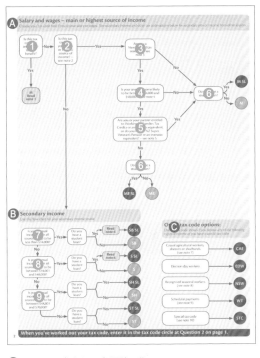

Ⓐ 主要收入或高收入來源的工作
① 收入來自符合資格的福利金？(例：紐西蘭政府提供)
② 此份工作為主要工作或最高收入來源？
③ 是否為紐西蘭納稅人？(已待在紐西蘭183天以上者)
④ 年度收入是否介於24,000～48,000 NZD？
⑤ 在紐西蘭，你或你的配偶是否符合工作家庭抵稅額資格，或是有領取退休金、軍人退休金？
⑥ 在紐西蘭有無學生貸款？年度收入是否高於9,880 NZD 或平均週薪高於190 NZD？
Ⓑ 次要收入來源的工作(同時做第2份工作)
⑦ 所有來源年度總收入是否介於14,000(含)NZD以下？
⑧ 所有來源年度總收入是否介於14,001～48,000 NZD？
⑨ 所有來源年度總收入是否介於48,001～70,000 NZD？
Ⓒ 其他稅碼說明
- **CAE**：臨時性的農業工人、修剪工人、修剪助手(農場果園工作者選此稅碼)
- **EDW**：選舉工作者
- **STC**：稅務局特殊稅碼認證
- **WT**：預扣稅款項，適用於合約性工作，不是薪資或工資
- **NSW**：認可季節工作者，問問雇主是否屬RSE(Recognised Seasonal Employers)資格，通常是園藝及葡萄園工作者

共有3頁。第2頁敎你如何選擇稅碼，第3頁則爲說明頁，引導你填寫第1頁表格。

❶ **個人細節**：First name.......(填入全名)。IRD號碼(8碼數字，由第二空格開始寫)

❷ **你的稅碼**：填入右方圈圈內，同時間只做1份工作時，非農場類填M，農場類填CAE。做2份工作時，收入高的填M，收入低的填SB(B表示全部工作總年收入可能<14,000NZD)，S表示全部工作總收入可能介於14,001～48,000NZD)
- 不同收入來源工作必須填寫額外的一張IR330
- 參考第2頁流程圖(右圖)並將稅碼填入右方圈圈內
- 擁有特殊稅碼像臨時性的農業工人、修剪工人、修剪助手、認可季節工人、選舉工作者，或是將收到預扣稅款項，請參考第3頁說明，在右方圈圈填入稅碼

❸ **你的工作資格**：
依據2009移民法，在下面方框勾選符合你的資格
- ☐ 我是紐西蘭或澳洲公民
- ☐ 我持有的有效簽證或許可准許在紐西蘭工作(打工客勾選)

❹ 簽名、填日期

退稅申請

針 對打工度假族群而言，經由工作所獲取之工資一般而言可以申請退稅，退稅金額雖然為數不多，但對於額外的稅金收入，何嘗不是變相的賺錢祕訣呢？

註：謝謝新加坡的Landy提供紙本填寫說明資料

退稅方法有2種

方法一：直接透過網路，線上填寫(PTS)表格方式申請，優點是比較不用填寫紙本寄回稅務局(Inland Revenue)，也可以回台灣後再申請。

方法二：填寫傳統紙本表格(IR3)後再寄回。

至於選哪一種，可依稅務局(Inland Revenue)的問卷來決定。

退稅方法一

 Step **至稅務局問卷網站決定申辦方法**

進入網站，搜尋「do you need to file an ir3」，點選工作期間的年分關鍵字「tax summary for 2017」，再點選「Start」後開始填寫。

http ird.govt.nz

 Step **註冊IRD網路帳戶**(不需填IR3，採Personal Tax Summary者)

回到首頁，點選「Register」，填寫個人IRD號碼等個人資料，再撥打電話告知要啟用帳戶，說出「I want to activate my online account」。

📞 0800-227-770、(+64) 4-890-2120

Step ③ 登入IRD，填寫PTS線上表格

進入網站ird.govt.nz，點選「Login」。

■點選「Request PTS」

■勾選工作期間年份，選擇「Yes」，點選「Continue」

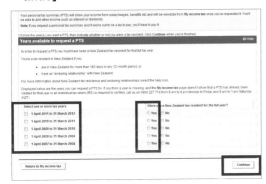

■勾選「表示了解稅務計算與退稅日期」，點選「Send to Inland Revenue」

Step ④ 回到個人帳戶首頁，確認是否已送出申請退稅

看「Received」狀態列有無列出申請日期。作業時間一般約2～3個月，可不定期上IRD查看「Finalised」狀態，一旦有時間顯示，就表示已經匯出退稅金到你的銀行帳戶囉！

申請日期　　有時間顯示，表示已匯出退稅金

橫跨兩個報稅年度的申報方式

很多人可能因為在紐西蘭的收入時間點，橫跨兩個報稅年度，報稅會需要申請兩次，在第二次申報PTS時，申報方式會有些不同。

● 點選「Confirm PTS」

● 填完4項Check List才算申報完成

退稅方法二

Step 1 向該機關索取所得紀錄 (Income history slip)

申請時以IRD號碼作為查詢（可網路聯繫申請或郵寄方式索取）。

網路申請所得紀錄

● **方法1**：客服網頁中填寫詢問單，並說明想要申請所得紀錄(Income History Slip)。
  🌐 goo.gl/33YrG(或上www.ird.govt.nz/contact-us/online找到Non-resident general enquiry form)
● **方法2**：寫Email申請。記得註明你的IRD號碼、姓名、聯絡方式與地址。
  @ nonres@ird.govt.nz

Step 2 填寫IR3退稅申請表 (Tax Return)

2種表格皆可親臨稅務局取得，或線上下載後直接使用電腦填寫列印。IR3比較特別，可以直接線上填寫申請，內容與紙本相同，但僅需列印申請完成頁面。申請表下載網址（如下）或登入稅務局網站：www.ird.govt.nz，搜尋ir3 form。

Step 3 填寫完畢後連同所需文件繳回

工作時間約4～6週，採郵寄方式：

Inland Revenue
PO Box 39090, Wellington Mail Centre
Lower Hutt 5045

IR3表格填寫說明

IR3只需填寫頁數1、2、3、4、6。

page 1

(表格影像)
Inland Revenue
Te Tari Taake
Individual tax return
IR 3 2016 Ⓐ
1 April 2015 to 31 March 2016

Ⓐ 請注意申請退稅期間，與表格首頁右上角期間是否相符

❶ 填入IRD號碼(8碼數字，從第二空格開始寫)

❷ 填入姓名(上填名，下填姓)

❸ 填入紐西蘭郵寄住址(上填街道及號碼，下填區域及城市)

❹ 填入紐西蘭住家的地址(上填街道及號碼，下填區域及城市)

❺ 填入出生日期

❻ 填入工作類別代碼(BIC)，果園工作填A052957、養

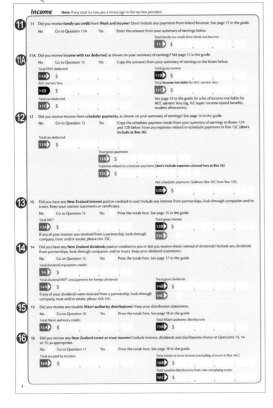

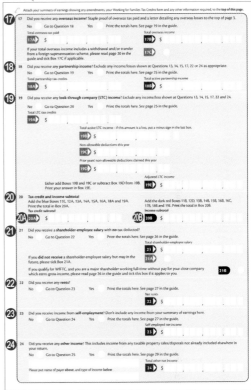

老院看護填Q860130、辦公室清潔填N731125，其他代碼參考網址：businessdescription.co.nz(Search 填工作服務類型或出產品，例如奇異果、蜂蜜、冷凍食品)

❼ 填入白天聯絡電話

❽ 填入本地銀行帳號(沒有紐西蘭的銀行帳戶可以不填)

❾❿ 免填

⓫ 你是否有接受任何從Work and Income單位的補助(一般勾選No)

⓫ 你是否有得到經過扣稅後的收入，如你在收入總額單據內所示(顯示在所得紀錄內，填入Yes)，11A　11E 請參考所得紀錄填入

⓬～⓰分為兩部分。有關YES V.S. NO的部分均勾選NO，但題目下方的金額欄位均需如實填寫

⓱～⓳分為兩部分。有關YES V.S. NO的部分均勾選NO，但題目下方的金額欄位均需如實填寫

⓴ 將11E、12A、13A、14A、15A、16A、18A與19A內的值加總後填入20A方塊內

⑳B 將11B、12D、13B、14B、15B、16B、16C、17B、18B與19E內的值加總後填入20B方塊內

㉑～㉔分為兩部分。有關YES V.S. NO的部分均勾選NO，但題目下方的金額欄位均需如實填寫

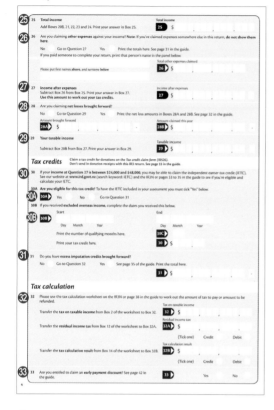

㉕ 將20B、21、22、23、24數值加總起來,將所得到的數值寫在25方塊內

㉖ ㉘ 分為兩部分。有關YES vs NO的部分均勾選NO,但題目下方的金額欄位均需如實填寫

㉗ 扣除費用後的收入。將26的數值減掉25,將得到的數值填入方塊27內。這個數值用來計算你的抵稅額

㉘ 你的可扣稅收入。將28B減掉27,將得到的數值填在29方塊內

㉚A～㉛ 均請依你自身的情況勾選YES或NO,並如實填寫方塊裡的資料

㉜～㉝ 不用填寫

㊳ 只需在此處填寫簽名即可

文字說明如下:在這份文件中所填寫的訊息是真實無誤的,並依據1994年稅收管理法條例下,此份文件代表本人於2016年3月31日截止之稅務估價。同時此份文件也是本人為2001年意外賠償法案的收入聲明

IR3填寫小提醒

IR3表格每年更新,項目大同小異。填寫時請留意表格首頁右上角的申請退稅期間,是否與你的工作期間相符。

打工類型

紐西蘭Zespri奇異果包裝工廠 (圖片提供：Joanne)

紐 西蘭大部分的工作類型為農、牧與服務及旅遊相關業，一般打工度假者從事的工作最常見的不外乎是農場、旅館、餐廳、工廠、安養院、志工性質等等，因此以下將針對常見的打工類型詳加說明。

餐廳 RESTAURANT

推薦等級 ★★★☆☆
選擇亞洲餐廳作為入門來提升找工作信心是不錯的選擇。

工作區域分布：鬧區，大城市 / **一般工作時數**：半天、全天皆有 / **英文使用率**：服務生偏高 / **特質需求**：記憶力、英文對談 / **工作來源**：皆可，逛大街為主 / **錄取率**：一般低，亞洲餐館高

餐廳工作職務不外乎服務生(Waitstaff)、廚房助手(Kitchen Hand)等人員，一般而言除了要有好的記憶力外，在擔任服務生職務屬性上要有對顧客一定的英語溝通能力，例如點東西時比較講求即時性回答與詢問，廚房助手則交談較少，多與廚師溝通提供協助。因此若非是在言語可通的中國餐館內工作，擔任餐廳內職務是會略帶點壓力與勿忙。

通常服務生的工作性質為帶位、提供菜單，及點菜等。工作時亦會與廚房內部有些許接觸，例如客人的特殊菜色要求，其他如餐廳清潔維護等。咖啡館的工作規模可能較小，因此內容稍多，如可能同時兼任調製咖啡或收銀等。

工廠 FACTORY

推薦等級 ★★★☆☆
工廠打工有時會是農牧場工作內容的一部分。對在當地的打工職業分布來說，屬於普遍型。

工作區域分布：郊區 / **一般工作時數**：半天、全天皆有 / **英文使用率**：低 / **特質需求**：手腳靈活 / **工作來源**：皆可，背包客旅館主人或布告欄、找報紙 / **錄取率**：中

以食品或水果類包裝工廠為常見類型，例如像奇異果、蘋果包裝廠、麥片早餐包裝工廠。跟一般工作性質不一樣的是，工廠一般需要以人力操作特定的機械，站著做同樣的重複動作。不同類型的工廠工作時會要求不同的工作打扮，以食品工廠為例，注重衛生乾淨，像口罩、頭罩是必要配備，工作主要任務就是要篩選包裝物的品質，檢查是否有大瑕疵再進一步包裝。工作的時候由於機器運行加上配備的限制，同事間交談的機會不多，午休或其他休息時間會在餐廳或其他空間有接觸的機會。

由於工廠工作與其他工作相比，內容略顯單調，導致當地勞力就業意願偏低，因此對打工度假客是不錯的選擇。

旅館 HOTEL/HOSTEL

推薦等級 ★★★☆☆

一般旅館錄用女性的比例較高。而汽車旅館分布廣,應徵機會相對比飯店來得多,找工作時可以作為優先考量。熱門的背包客旅館換宿常態,通常一日工作2、3小時可換宿一晚。

工作區域分布:鬧區、觀光景點 / **一般工作時數:**一般皆半天 / **英文使用率:**中 / **特質需求:**愛乾淨、手腳快 / **工作來源:**皆可,大飯店大都需要主動上門投履歷 / **錄取率:**中

大飯店的工作手腳可是要俐落一點
(圖片提供:紐西蘭觀光局)

旅館與飯店的工作可區分為換宿型與非換宿型2種,換宿型的旅店多像是YHA、BBH或是B&B等規模較小之背包客種類,是相當風行的換宿型態,在這工作條件下以工作換取住宿並不會得到薪資支付,但工作量小一般會比大型飯店輕鬆,內容則是和飯店有些微差異。換宿型工作者涉及小旅館內大小事務,例如簡易鋪床、打掃房間或整理廚房、客廳等等。非換宿型飯店中可大致上分為大飯店(Hotel)或是汽車旅館(Motel),整理的模式會以一個房間為單位,要求你將整個客房恢復成旅客入住前的模樣,包括像是浴室或臥室的固定消耗品擺設。由於大型飯店客房較多,擔任整理人員(House Keeper)需要手腳很快的人手,被要求在一定時間內要獨自整理打掃完一間客房或是很多房間,時間與工作量上是比較有壓力的。至於汽車旅館房間數少,一般要求不會太嚴謹,有時候還有機會分配到與人共事,工作起來一般會比較輕鬆。

背包客旅館裡的客廳 (圖片提供:Fion)

背包客旅館裡的廚房,有時也是工作的一部分 (圖片提供:Fion)

什麼是換宿?

替雇主工作以換取住宿。雇主提供住宿或同時提供三餐,但不支付薪水。這種打工方式,於紐西蘭相當普遍,很適合不想花時間找有薪工作者或想要深入與短暫停留小地方的人。有些工作只提供換宿幾週或幾個月。工作類型有農牧場、旅館等等,知名的農場換宿機構如WWOOF。此外像是YHA、BBH旅館或是B&B,也大都有提供換宿的機會。

安養院 REST HOME

推薦等級 ★★★★★

看護工作由於必須有固定人員擔任照料年長者的特性，因此一旦有看護請假，除固定班表外，看護者經常會接到安養院的請求代班電話。老人喜歡與人交談，所以相對英文使用機率高，對於想要多些加強英語會話的旅客可以嘗試。

工作區域分布：大城市中寧靜處 / **一般工作時數**：半天、全天皆有(亦有半夜) / **英文使用率**：高 / **特質需求**：耐心、愛心 / **工作來源**：翻黃頁為主 / **錄取率**：中高

　　由於紐西蘭高齡人口多，子女年長後扶養雙親的現象比例比台灣低，因此像是安養院(Rest Home)這類的養老機構很普遍。安養院裡的工作職務很廣泛，從一般的清潔打掃人員(Cleaner)、廚房幫廚人員(Kitchen Hand)到裡頭主要的看護人員(Caregiver)都有打工度假者的身影。

　　以主要的看護人員而言，普遍性的工作包括幫年長者沐浴、衣物換穿等等，照料他們因歲數或病痛而無法自己完成的生活起居。一般安養院系統裡會區分為像是有疾病老人(如精神疾病)或全然健康之安養老人2種，有些又可區分成臥病在床與非臥病在床的情況。

　　對於日常生活的照料必須常常和老人們交談來瞭解他們的需求，工作內容算是多元，例如用餐時間到餐廳變身服務生，服務眾多老人或是送餐點，上午及下午則是成為飯店整理人員到老人們的房裡疊被鋪床。多數人無法接受安養院看護工作，因為必須常常面對老人們赤裸，協助他們清理與生理衛生有關的工作內容，例如擦屁股、換尿布等等。其實只要能保持健康與關懷的心態並不會是太大的阻礙，是個既能開口學英文又能賺錢的事。

當地安養機構Raidus

整理床鋪中的看護，Maria示範

下午茶時間，年長者在餐廳享用茶點(圖片提供：Lisa)

FARM

農牧場

推薦等級 ★★★★☆

農場規模關係到工作量的多寡與否,通常小農場工作量會較少,與人相處交流的時間會相對多。

工作區域分布:郊區、小城鎮 / **一般工作時數**:半天、全天皆有 / **英文使用率**:中 / **特質需求**:體力、接觸陽光、不怕髒 / **工作來源**:背包客旅館主人或布告欄、上網、報紙亦有 / **錄取率**:高

眾人皆知的紐西蘭Kiwi Fruit也是果園常客 (圖片提供:Javanaruto)

紐西蘭幅員遼闊,以無污染之農牧業聞名,因此有不少農牧場工作以換宿形式經營,當中也有部分是以讓打工者賺錢為主要目的一群。知名的換宿農場打工WWOOF是主要工作來源機構,提供各類農牧雇主一個平台登錄資料,讓想工作者與雇主藉此互取所需。工作地點多,例如果園、花園、農地等等,通常主要的工作內容包含相關農作物園藝維持、採收,甚至像是有牧場的雇主會要求牛羊馬的照料,有時候也包括了一些居住家務的整理。

想賺錢,則可以參與獲取工資的一般農牧場打工,常見的像是:蘋果園、葡萄園、櫻桃園、奇異果園的採收,工作採計件制會比計時制輕鬆。特別要注意的是,有時果園提供的住宿環境差,打工者可以選擇不會從薪資中扣除住宿費的工作場所。一般提供食宿,工資可扣除15%,若只提供住宿,工資可扣除5%。

總括來說,農場的工作期間戶外工作機會占居多,因此會大量接觸到陽光、寒冷、泥土等等外在環境,適合喜愛與大自然接觸和戶外型的朋友。這類的工作機會多,打工者來自世界各地,在工作的同時更有機會認識不同國家的打工者,接觸及交談。

INFORMATION

WWOOF換宿農場:
需繳費入會參加該組織,網址:www.wwoof.co.nz
Help Exchange換宿農場:
有免費及收費入會,網址:www.helpexchange.net

戶外採收整理農作物 (圖片提供:王藝縝)

葡萄園是常見的打工類型
(圖片提供:Fion)

志工 VOLUNTEER

推薦等級 ★★☆☆☆

工作區域分布：通常是非郊區 / **一般工作時數**：半天(多半下午後) / **英文使用率**：不定 / **特質需求**：有專業背景英文佳 / **工作來源**：上網查職缺打電話 / **錄取率**：低 / **網址**：www.volunteernow.org.nz

　　紐西蘭的社會關懷與福利聲譽一向很好，因此很多機構需要自願工作者提供無薪協助。志工涵蓋層面廣，且大都需要專業知識，一般較有機會的工作像信差、清潔工、幫廚、看護、駕駛等。

滑雪場 SKIING FIELD

推薦等級 ★★★★☆

工作區域分布：滑雪場地 / **一般工作時數**：半天、全天皆有 / **英文使用率**：低 / **特質需求**：愛接觸陽光、不怕冷 / **工作來源**：上網找寫信聯絡 / **錄取率**：低 / **網址**：www.snowreports.co.nz (點入滑雪地點後尋找Contact details)

　　由於紐西蘭冬季會下雪，一些山區上甚至長年積雪因此帶動了當地的滑雪運動發展，特別是在南島，許多滑雪場一到旺季就會釋放出工作需求，對於喜愛滑雪的朋友，可說是福利不少。

清潔公司 CLEANER CONTRACT

推薦等級 ★★★☆☆

工作區域分布：鬧區 / **一般工作時數**：半天(多半下午後) / **英文使用率**：低 / **特質需求**：下班時間工作、體力 / **工作來源**：皆可，報紙、逛大街 / **錄取率**：中

　　算是常見的打工類型。一般由清潔公司承攬，擔任固定或非固定地區的清潔工作，地點可能涵蓋電影院、辦公室、廁所或是其他公、私人場所，通常會在非上班時間打掃，做類似像整理家務、維持環境整潔等幕後清掃工作。

必備強力吸塵器
(圖片提供：伯緯)

下班後空空的辦公室
(圖片提供：伯緯)

雪地工作有許多滑雪福利可圖

工作來源管道

在紐西蘭找工作，由於語言一開始較不熟悉，還有打工度假簽證3個月的限制，對找工作者較不利，因此第一份工作可能會不太容易找(特別是非農場或果園的工作)，多數人都會經歷，請多點耐心與心理準備，不要灰心！等有過工作後，就較能得心應手，順利找到後續的工作囉！

網路 INTERNET

推薦等級 ★★★☆☆
選擇亞洲餐廳作為入門來提升找工作信心是不錯選擇。

特性：工作機會多、工作區域廣、需具一定英文讀寫能力 / **費力度**：低 / **成功機率**：視工作類型而定

工作來源多，找工作較不費力，但曝光率高、競爭者多，建議先從非專業工作搜尋網開始下手，因其所列工作多為非專業性的基層工作，適合非英語系國家的打工度假客。相較於大型工作搜尋網站，部分具規模性企業公告錄用程序要寄信、收信、面試等，較為嚴謹繁複，通常中獎率不高，對於不能書面表達好英文工作者而言，效果可能不是那麼直接與快速。

其他工作網站

Trademe：trademe.co.nz/jobs

紐西蘭第一大交易網附屬工作搜尋。左欄可選區域(Jobs anywhere in……)、類別(Any Category)、關鍵字(Key words)。記得利用關鍵字搜尋，如「seasonal」或「temporary」，較容易找到3個月的工作。

背包客找工作網站

免費提供刊登徵人廣告，針對邊打工邊旅遊的背包客族群，由於無收取刊登費，工作性質流動性亦較大，算是相當適合短期打工。聯絡上除了可以直接打電話詢問外，亦可使用留言。

http backpackerboard.co.nz/work_jobs
(點入頁面連結VIEW ALL JOBS)

季節性工作網站

同樣相當適合短期或臨時性工作者，搜尋方面針對地域(Region)及職缺種類(Job Type)有仔細的分類，區域可選擇如Auckland、Nelson、Canterbury等，職缺種類則是有像旅館(Hotel)、採水果(Fruit Picking)、服務生(Waiting Staff)等。應徵上同樣可以直接打電話詢問和使用留言聯絡，甚至提供履歷上傳。

http seasonalwork.co.nz

Step 1

工作類型與地點可以篩選

刊登日期

職缺類型

工作地點

詳細內容

Step 1

選擇工作區域與種類，或是直接點選右邊地圖也可以

Step 2

聯絡方式及工作內容說明

額外連絡方式

Step 2

工作類型

工作區域

Step ③

申請點Apply Now

聯絡方式與公司資訊　　工作內容與薪資等等

Step ④ 點「Apply Now」後

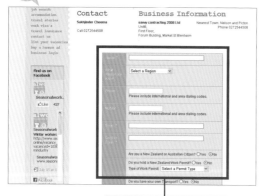

填寫應徵人資料、上傳履歷

其他季節性 / 短期工作

- **Seasonal jobs**：seasonaljobs.co.nz
- **Pick NZ**：picknz.co.nz
- **NZ Kiwifruit Growers**：nzkgi.org.nz
- **中國whver之家**：whver.com/job
- **Mrs jones orchard**：mrsjonesorchard.co.nz
- **Sarita Orchard**：saritaorchard.co.nz
- **Central cherries**：centralcherries.co.nz
- **Pick a Picker**：pickapicker.co.nz
- **背包客棧**：goo.gl/2Ls9Z

AGENCY 仲介

推薦等級 ★★☆☆☆

一般而言找仲介適用於不想花太多時間找工作的朋友，相當用金錢來換取找工作的時間，建議面對仲介公司諮詢時先談好仲介價格。

特性：付錢請人代尋 / **費力度**：低 / **成功機率**：低

由於紐西蘭擁有一定數量非本國的外來族群，加上人口不多、專業工作難尋，因此存在著一些所謂人力資源仲介公司。大部分的仲介公司主要協助找工作的對象，皆是由剛從學校畢業的社會新鮮人或是新移民者，經由一系列的問卷、性向調查或基本數理運算能力，幫你配對給雇主需要的職務，透過仲介公司雇主也可省卻人力過濾的考量。

在花費上一般分為2種，一種是仲介公司將你當成客戶，一旦工作媒和成功，工作者需支付仲介費，這類的仲介公司相當多是亞洲人經營。而一種是不需支付仲介費，由雇主委託仲介公司尋人的案例，通常工作者會在報紙廣告上看到職缺訊息，而去到仲介公司進行第一段面試。面對仲介公司一般會遇到的困難就是，找工作者本身英語要有一定的程度來與仲介對談，而且接收短期如打工度假者的案子並不多。

至於如何找前往仲介公司，大型仲介公司可以由報紙中尋得或是經由黃頁中找尋「Employment Agencies」再行前往。

黃頁網站裡的企業搜尋功能──找仲介

NEWSPAPER

報紙

推薦等級 ★★★☆☆

通常找報紙最常見與容易下手的不外乎是清潔工(Cleaner)、餐廳幫廚(Kitchen Hand)、飯店客房整理人員(House Keeper)等等,由於多屬流動性高職缺,和其他類型的工作比較起來,會適合受到3個月工作時間限制的工作者。

**特性:偏好長期工作者、競爭對手多
/ 費力度:中/ 成功機率:低**

若找長期與正職工作機會為主,可從各地報紙著手,如Wellington-The Dominion Post、Christchurch-The Press、Hamilton-Waikato Times、Nelson- The Nelson Mail等。由於雇主必須花錢買欄位刊登職缺,增加曝光機率,因此競爭者相對較多,唯有多嘗試才會勝出。除部分大企業會要求寄履歷再行通知外,小企業多先由電話聯繫詢問再行面試。

The Press

基督城當地報紙,每逢週六出版大號報紙,大篇幅的工作機會讓人看到手軟,該報可在多數便利商店與部分書局購買,市立圖書館亦可免費翻查。通常分類的方式會以英文字母作為職缺名稱排序,例如從C開始的職缺名稱有Cleaner、D的Driver等。

信報、太陽報

華語報紙工作機會多,大都打電話就可直接面試,溝通的媒介多是華語,通常溝通不會有太大問題,唯獨工資普遍不高,若不介意可能與華人共事與低英語環境,將是增加信心的海外工作途徑,其中華人雇主經營的產業多與餐飲雜貨店相關,報紙來源可至華人餐廳、美食廣場(Food Court)免費索取。

YELLOW PAGES

黃頁簿

推薦等級 ★★★★★

盛行於紐西蘭的黃頁電話簿,是方便民眾查閱公司行號的聯絡資料冊,可說是家家戶戶不可或缺的一本好幫手,通常可在公共電話亭使用或郵局內免費取得,一般私人家庭也都有。另有白頁(White Page)。

**特性:市區工作、快速、競爭者少
/ 費力度:低/ 成功機率:中**

找工作除了可以上街蒐尋,得到一些立即的工作情報外,尋找黃頁簿並針對所喜愛的工作型態打電話詢問,也是一項直接並立即性的方法。

例如,想找看護(Caregiver)就找黃頁簿裡的Rest Home,不論是要利用黃頁網站亦或是直接翻閱該電話簿,都可以找到許許多多的相關資料。雖然這種直接打電話得知有無工作職缺的方式略顯莽撞,但由於雇主也可以直接得到立即需求,對於一般非大型具規模性的企業而言,並不會造成所謂無工作禮儀的問題。電話中清楚表明自己的狀態與需求後,一旦獲得面試機會再帶著簡歷前往應試,上榜的機會不小。

另類又直接的找工作法

黃頁網站:yellow.co.nz

利用黃頁打電話或許有點驚人,不過卻是成功機會大、直接且省力的辦法。找工作的朋友可以利用預先設定好的英文句子來詢問重要事項與表達自身狀態,再求面試。另可嘗試黃頁網站,網址:yellow.co.nz(What欄填入職業類別或企業類別,如Rest Home、Motel、Cafes、Fruit等)。

背包客旅館除了可以直接登門詢問工作機會外，公布欄也會有消息

逛街、布告欄

DOOR KNOCKING

推薦等級 ★★★★☆

沿路找工作的方式雖然辛苦，不過卻能帶你探訪不同鬧區，見識更多地方、景觀。意外發現職缺的心情也是令人興奮的一件事情。對於剛到達不熟的城市時，建議出發前先設定好主要欲前往的地區，像鬧區、旅館密集地所在的位置，有空閒時間再去其他地區探訪，才不會一頭霧水有迷失感，至於地點可至旅客中心(Visitor Information Center)或向語言學校人員詢問。

特性：直接、直覺 / **費力度：**高 / **成功機率：**中

不想花錢刊登廣告的雇主，有時會在自家的商家門前貼上徵才訊息，透明化的訊息讓人感覺較不生硬，也可以立即了解粗略的工作場所及內容。逛大街是費力但也是最直覺的找工作方式，大都以步行或騎腳踏車方式進行。

所謂的逛大街主要分為2種，一是在非特定的區域尋找布告欄、商店，如餐廳或咖啡館櫥窗，查看是否有張貼徵人廣告再自行記錄職缺描述，直接或稍後進行詢問，一般以餐飲業工作職缺居

在家靠父母，出外靠朋友

紐西蘭國內工作需求多但就業率低，已開放打工度假簽證給許多國家來填補內部的需求，因此遇見來自各地的打工度假客可以說不用太意外，早到的朋友總會有過打工的經歷，也會有離職的時候，不時地詢問朋友、同學工作來源，可是一個實用的工作來源管道喔！

多。第二種就是直接登門拜訪詢問是否有工作空缺，例如像旅館(Hotel、B&B和Motel)、背包客旅館(YHA、BBH)、一般速食店(麥當勞、KFC等)，大型旅館或是速食店，不論是否當下有空缺，都比較偏向先填寫申請表。而小型旅館則是有機會直接面對雇主，因此最好先準備好制式的履歷，以便面試。

由於商家多會聚集在人口較密集處，因此在逛大街時可以盡量挑選繁華地段餐飲業、旅館業密集地，通常市中心、購物商圈或是周邊都能碰碰運氣。一旦看見了張貼的廣告，除了用筆抄寫重要的聯絡方式外，也可以用相機記錄起來順便拍一下環境，方便回去後瀏覽。

通過面試小工具

面試城市內的公司,有些會有一定的履歷表格提供申請者填寫,如大旅館、安養院、清潔公司,但是有些則沒有,這時候就有必要準備一份自己的簡歷,為自己的應徵做最基礎的準備。大部分表格裡面要填寫的選項有個人姓名、出生年月、是否能合法工作、先前工作經驗描述及說明、工作推薦人聯絡方式等等。

推薦信

推薦信(Reference)在紐西蘭,對於尋找工作有相當大的幫助。由於找工作時企業對面試者本身不了解,加上過去的工作態度歷史不明,因此有些雇主喜愛面試者有前雇主寫的推薦信作為參考。雖說有良好的推薦信不代表所投的工作一定成功,但是卻可以使雇主對你的工作態度少些質疑。一般推薦信可以於工作快結束前,請雇主給予開立。

個人履歷 (CV)範例

Personal profiles

Name: Irene Su
Date of Birth: 12 Mar 1985
Current Address:
123 Peterborough St. Linwood, Christchurch
Contact Number: 03 345 6789 (House)
                021 01234567 (Mobile)
Hobbies: Playing basketball, Traveling
Personal strength:
Good sense of humor, Can-do attitude
Nationality: Taiwanese

Education history

Highest degree: Bachelor
Name of university: Taiwan University
Subject/ Course: Mechanical engineering
Studying period: Sep. 2002 to Aug. 2004

Employment history

Name of company: ABC Restaurant
Position at the job: Kitchen Hand
Dates employed: Mar. 2007 to Jun. 2007
Description of responsibilities:
*Washing dishes
*Assisting chefs to prepare dishes

Skills

Webpage design
Coffee making

Notes

Work permit: Working holiday visa
(allowed working up to 3 months)
Others:
House phone please ring before 12 pm

面試英文範例

電話面試英文
首先尋找聯絡人與自我介紹

● Is Michel(工作負責人)there, please？
Michel在嗎？謝謝。

● Hi! This is Irene(自己的名字), I am ringing about
……以下說明來意：
你好，我叫Irene。我打電話來問關於……

說明來意

● 情況一：已知有工作職缺
the job vacancy you advertised on the newspa-
per (or window)
你在報紙(或櫥窗)上張貼的那工作職缺

I am just wondering if the position is still avail-
able.
不知道這職缺還有效嗎？

● 情況二：詢問有無工作職缺
the post of caregiver(職務名稱)
看護的職缺

I am just wondering if there is any vacancy for the
caregiver available here.
不知道你們那有沒有看護的職缺？

進一步說明與解釋

● I am very sorry that I can't speak English well. So
could you please slow down a little?
很抱歉，我的英文不好，可以請你說話速度慢一
點嗎？

● I haven't got any experience related to the job but
I am very willing to do for this position.
我沒有相關的工作經驗，但是這份職務我很有意
願去學習。

● I can take the part time/ full time shift weekdays
(or on weekend).
我可以做平日(或週末)兼職／全職的班。

● I am allowed to work legally but for my working
holiday visa I can only work for up to 3 months.
我被准許合法工作，但是由於我的打工度假簽證
的限制，我最多只能工作3個月。

● Yes, I would like to come over for a talk (an inter-
view) . Thank you.
是的，我很樂意過去聊一下(面試)，謝謝。

當面面試英文
情況一：已知有工作職缺

● Hi! I am here for the job vacancy you advertised
on the newspaper (or window)
你好，我來這詢問關於你在報紙(或櫥窗)上張貼
的那工作職缺。

● I am just wondering if the position is still avail-
able.
不知道這項職缺還有效嗎？

● I hope I can get basic wages $13(希望時薪) an
hour.
我希望我有1小時13紐幣的基本時薪。

● I have my CV and reference with me.
我帶了履歷和推薦信來。

情況二：詢問有無工作職缺

● Hi! My name is Irene. I am looking for a part time
(or full time) job at the moment and I am just won-
dering if there is any job vacancy available here.
你好，我的名字是Irene。我目前正在找一份兼職(
或全職)的工作，不知到這裡有沒有工作機會。

● Could you please give me the application form
to fill out?
可以請你給我申請表填寫嗎？

● I **have** my CV and reference with me.
我帶了履歷和推薦信來。

● Hi! I am here to drop my application form off.
你好，我來投遞我的工作申請表。

Working Holiday

In the south-western Pacific Ocean. Polynesians settled New Zealand in 1250 - 1300 AD and developed a distinctive Maori culture, and Europeans first made contact in 1642 AD.

New Zealand

住　　宿　　篇

打工度假客都如何選擇住宿型態？住宿家庭、背包客旅館、換宿還是想要出外與人租屋；針對不同居住需求，這裡蒐集了住宿的種類及來源。還有什麼居家生活重點要注意，就看本篇。

住宿型態選擇   62

    外出租屋   62

    住宿家庭   63

    背包客旅館   64

    換宿   65

    自助公寓、露營公園、Airbnb   66

居住小叮嚀與補充知識   67

住宿形態選擇

住宿費用在紐西蘭可彈性了，從不花一毛錢的換宿，到租屋平均一週140 NZD，或是很讚但小貴的自助公寓可選擇。就看你在哪裡停留、期間多久，還是想要到處旅行。居住環境大多以1或2樓的平房居多，家家戶戶多有大庭院；而許多背包客旅館都超靠近景點，視野很好，一整個都是讓你很有度假的FU。

外出租屋

特點：長期最省錢、自由空間多 / **價位：**1週80～200 NZD / **適用住宿期：**2個月以上 / **網站：**www.dtr.co.nz
對於沒有提供家具或電器的房子而言，可以至當地普及的家具租借公司Dtr租借東西，就不會遇到買家具後要再賣出的問題。

獨立的住宿型態，與人同住或獨居，公共家事要分擔做，自己本身的事務像洗衣服、三餐要自理，不過自由度大，費用不多。以住長期來講，通常是最多人的選擇。來源方面可以分為以下3種方式，亦可透過朋友介紹喔。

報紙或刊物

信報或太陽報等華人刊物都有許多大量的住宿及工作的情報，可在華人餐館索取，以住宿而言，由於大多為華人房東及房客，相對的英文環境可能會比較少。

華人提供的住宿機會，可以在報紙裡找到大量資料

上網找

網路上資訊多且不用出門，省時省力，當地網站Trademe比較多，也較容易找外國人當室友。

Trademe
瀏覽詳細聯絡資料需註冊
http trademe.co.nz/Browse/Rentals

Skykiwi 天維網
紐西蘭第一華人網站
http goo.gl/3fSgc

公告欄

市區內公共場所如美食廣場或是大學及學院內有布告欄。

不管是旅客或學生，大家都會張貼很多資訊

住宿家庭

特點：可以選供餐、市區地點少 / **價位：**1週250～300 NZD / **適用住宿期：**1個月以上
對於已經聯絡好寄宿家庭的情況下，可以試著要求寄宿家庭的成員到機場接機或所在地點接送，將省去許多交通上的麻煩。第一次的見面，給對方小小的見面禮，也可以增加對方對你的好感喔！

費用從貴到便宜都有，須視住宿的內容而定，一般而言提供三餐的寄宿家庭費用會最高，不過相對的很多事都不用自己做，例如洗衣、打掃等等。若是和家庭協定只住不供餐與打掃，那麼費用就可能很有彈性了。

個人認為住宿家庭應該是一開始體驗外國生活的必要選項之一，畢竟有當地人的相伴與帶領，比較不會有沒頭緒的感覺。況且若是家庭成員好相處，在不包餐、房租不高的情況下，也是一個很好的住宿選擇。

語言學校

多數語言學校除教學外，都能提供學生住宿家庭，可以要求選擇符合個人期望的寄宿家庭型態，來源方便。住了後如果不喜歡，有些學校也可讓學生更換，唯獨費用略高，還需繳交安排費

和當地的寄宿家庭生活雖然價格略高，卻有著不時的關心和陪伴

（Placement Fee），建議可以在住宿一些時日後再和寄宿家庭私下議價。

當地朋友同學

可以從待過住宿家庭的朋友或同學聊天的言談中，得知家庭狀況、環境等訊息，進一步聯繫，同時可省去一些雜費，是不錯的選擇。

住宿上網找

專門提供旅人尋找寄宿家庭的網路平台。透過城市及地區的設定搜尋，取得寄宿家庭的詳細情形，如果怕溝通不清楚可以先以E-mail聯繫，後續再來詳細討論，有住長期的打算也可以和對方商量價格。

Homestayfinder
分布地點較少，網站免費使用
http www.homestayfinder.com（在頁面中選擇「New Zealand」）

Homestayweb
分布地點較多，瀏覽詳細聯絡資料需註冊並繳費(最低10美金)
http www.homestayweb.com/nzhome.html

好的Homestay會貼心幫你打掃整理，住起來很輕鬆

背包客旅館

特點：見識各國的人、較吵鬧、短期旅行 / **價位：**每人1週140 NZD以上 / **適用住宿期：**1週以下
持有BBH卡或YHA卡時，不論參加哪類旅遊行程還是買車票門票，絕對不要忘記常詢問有無折扣，折扣有時是不少的。

知名的連鎖廉價旅館有YHA、BBH。適合幾天到一週左右的短期停留，是到紐西蘭各地旅行時的住所。這類型的旅店通常都離觀光景點很近，價格便宜，廚房與盥洗室則必須到公共位置與其他背包客共用。適用於對居住品質較不注重，且不介意共用公共設施(如衛浴與廚房)的預算旅行者，個人隱私不像飯店那樣高，通常房間內無電視或套房設備，有些宿舍型房間(Dorms)甚至不

定期出版的BBH手冊，提供好用的當地旅遊小手冊，及詳盡的旅遊說明

提供房間鑰匙。兩大組織（YHA及BBH）於每年會發行專用之旅館簡介書及地圖，可至旅客中心（i-Site）免費取得。

訂房要求外，通常會額外要求提供信用卡號碼，以防止房客訂房失約。

YHA

遍及全球的國際青年旅館（Youth Hostel Association），需要申請YHA會員卡，對於自助旅行的朋友，價格合理公道。非YHA會員需加付每晚約3NZD，部分旅遊套裝行程對於YHA會員也有優惠。台灣即可辦理。

YHA
YHA旅館是每個WHV客必經之地。
http yha.co.nz

BBH
紐西蘭獨有的BBH旅館有著奇異鳥標誌，BBH數量超級多。
http bbh.co.nz

BBH

紐西蘭特有的便宜旅館群（Budget Backpacker Hostels），價格略比YHA便宜，須辦理會員卡，價格約為45 NZD（對於非持卡人加收約3 NZD），很酷的是，BBH也是張20NZD的電話預付卡。紐西蘭的旅館分布與YHA相較下，BBH分布較多且廣，而且設備與地點並不會比YHA差，唯獨有些旅遊套裝行程並不提供給BBH者優惠。申辦方式目前僅可至當地的旅館現場辦理，或線上刷卡申辦，BBH在訂房系統上，要求訂房者提供姓名與

換宿

除了先前提及知名農場換宿機構如WWOOF、Help Exchange外，部分YHA、BBH旅館或是B&B（Bed and Breakfast）亦有提供換宿的機會，因為旅館分布更為廣泛，工作時間亦很短，每日3小時左右的工作就可以換來1日的住宿，在工作之餘多數的時間都可以拿來自己分配。適合短期的定點停留來節省旅費或是找工作的過渡期，不管是在城市內或是觀光景點都很流行。

除了可在各旅館現場找詢問機會，也可參考BBH網站裡公告，網址goo.gl/avDks，點頁面裡Hostel Staff Vacancies。

自助公寓

特點：適合商旅、家庭，較有隱私，獨立式或自助式住宿，像住家十分方便，可以自己做飯、洗衣服 / **價位**：每房1週500 NZD以上 / **適用住宿期**：2個月以下

想省去租屋的麻煩、又想擁有飯店式的設備與更多個人空間，建議可選擇附全套家用設備及旅店服務的住宿方式（Self Contained & Serviced），包括汽車旅館與服務公寓。

露營公園

特點：經濟，有車、注重隱私，喜歡臨近湖(海)邊 / **價位**：每人1週125 NZD以上 / **適用住宿期**：短期旅行1週以下

經濟又便利的露營公園，適合租車自備帳篷的朋友，台灣境內也慢慢盛行，公園基本上會提供簡易的盥洗、水電，讓旅客解決在露營中較缺乏的服務，許多公園會鄰近湖邊、海邊，或設置遊樂區、游泳池、烤肉區、上網點，相當有趣。參考網址：goo.gl/JaLi2L。

Airbnb

特點：貼近當地生活的住宿環境、有居家的感覺 / **價位**：每人一晚30～60 NZD / **適用住宿期**：短期

想要有溫馨舒適的感覺，可以選擇Airbnb。有獨立的房間，但可能要和屋主或其他房客共用公共空間，有點類似與其他人一同租屋的型態，只不過Airbnb住起來更加地輕鬆，因為沒有租房合約壓力，訂好房間就入住，時間到就退房，只要遵守規定，屋主多半也不會干涉太多。

http www.airbnb.com.tw

67 Working
So Easy!
Holiday in New Zealand

住宿篇

居住小叮嚀 & 補充知識

■ 租屋的旅人要留意，租屋前房東(Landlord)有權收取約2週房租的押金(Bond)及1或2週的預付租金。而在計畫要搬離開前的2週，住戶也有義務要告知房東搬家的消息，可別誤觸法網。詳細法律問題可參考租屋法規。

■ 紐西蘭人的用電習慣大，生活中舉凡煮東西用電熱式爐、洗澡用電熱水器、保暖用電暖器、喝咖啡或茶用電熱壺等等，尤其在天冷時期，都顯示出用電對他們的重要性，因此生活開銷中電費將是筆不小負擔。房屋用電系統上，有分為加值式與固定式2種，加值式電力用戶在家中會安裝一台電力加值機，使用IC卡片加值家裡電力，當金額不足時，用戶需持卡去固定的地點儲值金額，然後回家加值。固定式則是視用戶每月用電量寄發帳單收費。

■ 紐西蘭有實施垃圾分類，大城市有特定的回收箱供給市民，紙類則是用額外的塑膠袋包裝，有些地方需要分開包裝不同類資源。至於廚餘，部分家庭廚房設備裡都擁有絞碎食物廚餘的設計，廚餘將可透過污水處理處置；其他無設備者，政府則是鼓勵市民做花園堆肥自行處理，目前並無特殊分類規定。

■ 紐西蘭不管是公共場所或是購物中心買的廁所用衛生紙(Toilet Paper)，都是可以直接沖入馬桶的材質，因此有些廁所裡並無垃圾桶，使用完畢投入馬桶內，並不像台灣另外有垃圾桶。

■ 對於房屋樓層表示法不同，台灣以2F表示第二個樓層，紐西蘭則和英式相同以1F表示，指的是2樓。地面上的1F則被以G(Ground)表示。

■ 美式公寓Apartment說法在這裡常被以Flat取代，在外租屋或與人同住的人很普遍地會說「I'm flatting.」，通常是在外租房子的意思。

■ BBH及YHA背包客旅館內住宿時，退房時多數旅館會要求旅客自行把床單(Sheets)等換洗物歸還，方便人員清洗。

下載中文租屋法規： goo.gl/AIvXn
建築與居住部門網站： www.dbh.govt.nz

Qualmark住宿評鑑等級

紐西蘭的住宿品質評鑑系統。帶有Qualmark標誌的旅館每年都要經過專業的評估。等級則分為1～5星級，越高越佳。

Working Holiday

In the south-western Pacific Ocean. Polynesians settled New Zealand in 1250 - 1300 AD and developed a distinctive Maori culture, and Europeans first made contact in 1642 AD.

New Zealand

交 通 篇

帶你留意當地交通法規與習慣，認識各種交通工具，找出最省、最快、最安全的交通方式；還有基督城、威靈頓及奧克蘭三大城市的機場指南，讓你抵達機場後，知道如何前往其他目的地。

公車	70	客運、腳踏車	74
二手汽車	71	火車	75
租車	73	機場指南	76

紐西蘭交通工具

紐西蘭駕車方向與台灣相反，為左方前進，汽車為右駕。由於地大人少，多數當地人的交通工具為汽車，機車則很少見。公共交通工具依普遍率高低順序為公車、客運及火車，並沒有捷運。雖然消費較台灣高，但二手車與租車的價格卻格外便宜，租車旅行超划算。另外也有供載運汽車與人的渡輪可以橫跨南北島及離島，國際與國內機場也分布普及。

公車 / Bus

人口不多的紐西蘭，公車為主要的大眾運輸系統。因為沒有捷運或地鐵，所以對沒有汽車的族群而言，搭公車是生活中相當重要的一部分。

若會經常搭公車的話，辦理一張公車卡（Metro Card）會更節省交通費用。公車卡與台灣捷運悠遊卡相似，上車時由感應式機器進行扣款，一旦金額不足可上網加值，或於中央車站（Central Station）、部分圖書館加值（Top up）。

購買公車卡的方法相當簡單，只要準備好費用及證件就可以，下列提供紐西蘭三大城市——奧克蘭、威靈頓、基督城的說明。這三大城市的公車卡不能共用，購買的方式也有些許不同。

奧克蘭

車站總站、NEW WORLD、PAK'nSAVE等地點可購得奧克蘭公車卡，費用20 NZD，10 NZD 為公車卡本身的價錢，另外的10 NZD則是儲值在卡片裡可用的錢。

奧克蘭公車卡

威靈頓

購買方式跟奧克蘭公車卡一樣，到指定地點就可以購買，不需要證件。威靈頓公車卡有分為卡片式與吊飾式2種，可以供每人喜好不同來做選擇。

威靈頓公車卡

基督城

有別於前面兩個城市申辦的簡單程度，購買基督城公車卡除了購買及加值的費用以外，還需要攜帶證明身分的證件（如：護照、國際駕照等有申請人出生日及姓名之證件，擇一）前往指定地點辦理才行，申辦地點為中央車站以及部分圖書館。

交通篇

公車卡本身為10 NZD，加值最低金額為10 NZD，故第一次購買公車卡請務必攜帶20 NZD及身分證明證件。

基督城公車卡

公車搭乘資訊

● **公車地圖**：除了公車卡外，索取一份公車地圖，對於日後不論要去哪裡都是很實用的工具。地圖內不僅顯示所有公車的路線圖，也有標示一些重要地點，如醫院、購物中心、游泳池等等。

● **公車站牌**：搭車地點除了在公車總站外，大多和台灣類似，一般街道上就會有雙邊的公車站牌(Bus Stops)，並標示路線、時間等。

● **搭車禮儀**：幾乎每輛公車都配有設置給輪椅人士與帶有嬰兒車(Stroller)人士之特別座位(通常是可摺疊式的座椅，空間較大)，讓座行為是一種有素養的文化，應該要主動表現。為保持公共清潔，車上是禁食的。

奧克蘭
http 查詢公車卡購買的指定地點：goo.gl/WRPTeT
http 奧克蘭公車資訊：at.govt.nz

威靈頓
http 威靈頓公車資訊：www.metlink.org.nz

基督城
http 查詢公車卡購買的指定地點：goo.gl/GyLAFZ
http 基督城公車資訊：goo.gl/UkTjf0

二手汽車 / Used Car

和台灣相比，在這裡擁有一輛二手汽車並不昂貴，而購買二手車方法繁多，從透過朋友購得、網站、報紙、車商、二手車展、街上櫥窗廣告等，資訊取得容易，但是要購得安心又實惠卻是得小心翼翼。購車前的檢驗與報告機構，可以為消費者增加購買的信心，算是多點保障。

街上櫥窗和布告欄上，不乏二手車買賣資訊

購買前要注意什麼

擔心買到故障率高或是不良紀錄的車？安心一點的做法是請不同機構檢查，通常完整的檢驗為VIR或Lemon Check、AA Pre-Purchase Inspections 3種，建議至少要檢查一項。

■ **VIR與Lemon Check**：針對車況背景書面調查，如車有無欠款、是否為贓車、車主紀錄、WOF與REG何時到期等等，費用較低(約25 NZD)。

■ **AA車子檢驗(AA Pre-Purchase Inspections)**：採全車購前實體性能檢驗，例如引擎、煞車、冷氣、駕駛性等機械性能的檢查，費用約170 NZD(非會員)，或可自行檢查，請參考Trademe提供的性能檢查手冊(網址：goo.gl/xpAGS)。

至於是否2項都檢驗，視買家的意願而定，二手車一定會有零件、設備耗損的情況，這方面要

先有心理準備，例如說買車子後所可能產生的花費（一般維修耗損、WOF、汽油費等）。

決定購車後，買賣雙方最好一起至郵局，請賣方填妥MR 13A（車輛賣方過戶表，可以至郵局取得，確認過戶人欄位是你），郵寄至Transport Registry Centre（地址參考紐西蘭交通部網站goo.gl/A6nMK，或www.nzta.govt.nz搜尋Contact us。亦可請賣方上網申請，出示證明給你看）。同時自己攜帶國際駕照與護照，填妥MR 13B（車輛買方接收表，亦可至郵局取得，須付手續費9.4 NZD），繳交給郵局（亦可上網申請，出示證明給賣方看）。

購買後要注意什麼

■ **汽車保險**：雖然政府沒有強制要駕駛人保險，但過來人都建議至少要保第三責任險（Car third party），這是依駕駛人經驗與車輛使用狀況估算保費，價錢約100～700 NZD不定。全險則是多了事故時本身車輛理賠，還有失竊等完整保險。

■ **AA會員**：免費拖吊、保險折扣、車輛購買前預檢折扣、租車優惠、旅遊與飲食折扣等等，大碗又滿意的優惠，年費80～90 NZD，每年會有些許調整，實際費用以官網發布為主。

■ **Vehicle licensing**：類似行照。所有登記合法的汽車必須定期每半年或每一年向紐西蘭政府註冊此車繳納稅款，註冊核准後會獲得四方形藍色貼紙標籤（License Label），貼於該車擋風玻璃前標明車齡及車輛相關資料。購車前應確認賣方是否擁有該車的車權（License），以免有欠款紀錄不明，繳納時可至紐西蘭郵局（NZ Post Shop）繳納，半年繳納稅款約50 NZD。

■ **WOF(Warrant of fitness)**：紐西蘭驗車機制，類似台灣的汽車定期檢驗，許多可以看到WOF字樣的場所，都表示有提供驗車服務，通常分為舊車半年驗一次與新車一年驗一次2種。驗車價格45 NZD起。除非確定車況良好，否則購車時最好確認對方已通過此檢驗，以免額外要多花檢驗費與修理費。

WOF提供驗證通過的貼紙

■ **賣出汽車時需完成的程序**：
1. 付清有關車輛未清償的款項。
2. 對Land Transport New Zealand提出MR 13A申請表，郵寄至Transport Registry Centre。
3. 確認買家填妥MR 13B並繳交至郵局，完成車輛擁有者過戶。
4. 確認車輛擁有權已過戶給買家成功（過戶卡）才可交車。

購車資訊

機構	網址	服務項目
AA (Automobile Association)	aa.co.nz	紐西蘭汽車協會，買賣汽車、檢驗、保險、旅遊諮詢，好像什麼都有！
背包客車市	backpackerscarmarket.co.nz	買賣車與保險，保險很便宜
State	state.co.nz	保險公司，車險、旅遊險為大宗
紐西蘭交通部	nzta.govt.nz	可看買賣車注意事項
Trademe二手車網站	trademe.co.nz/motors/used-cars	買、賣、保險、檢驗什麼資訊都有
車輛估價服務	redbook.co.nz	買車或賣車用來估算車輛價值
檸檬查	lemoncheck.co.nz	與VIR類似的車輛背景調查，如欠款失竊、保險等
Covernow	covernow.co.nz	車輛延長保固保險服務，故障或零件更換由公司理賠
背包客棧 紐西蘭二手交易	goo.gl/fh1wU	打工度假客必上的網站，除了資訊很豐富，也有汽車買賣

交通篇

租車 / Car Rental

以不高的租車價格租用當地汽車是划算的選擇，旅遊業發展旺盛的紐西蘭，租車業相當競爭，標榜接送歸還車服務(甲地租乙地還)的公司比比皆是，價格以租用季節及租用期長短決定，手排小車租用最短5天，平均1天約45 NZD。知名的出租車有Hertz、Budget等等。距離市中心較遠的租車業價格，因地理位置不佳，車租會更便宜，如Backpacker、Ezy。

紐西蘭5月初到10月底為旅遊淡季，出租車較有優惠，旅客若時間上允許，可在淡季選擇適合的城市出遊。

租車所需證件

年滿21歲，攜帶國際駕照、台灣護照與信用卡就可以了(如無信用卡，少部分租車公司接受押金)。要求提供信用卡的理由，是擔心消費者會有罰單等後續不明的債務。

租車地點

可進一步洽詢各旅客服務中心(i-Site)，一般坐落在市中心及機場周邊或網站搜尋。

apollo
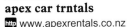 www.apollocarrentals.co.nz

omega
http www.omegarentalcars.com

apex car trntals
http www.apexrentals.co.nz

gorental
http www.gorentals.co.nz

交通須知

● **找門牌不易**：當地門牌稀少，既使是新式現代建築，都不見得可以看到房屋標示門牌或號碼。剛到當地的朋友要先有這個心理準備。

● **讓右原則**：開車時地上或路牌標有讓路標示(Give Way)的話，應遵守交通法規讓右邊行車先行。圓環(Roundabout)的部分同樣也是遵循讓右原則，直到右邊無來車為止才可行進。

● **拖拉桿**：崇尚休閒的紐西蘭人，幾乎每輛汽車的後保險桿，都可看見用來掛附額外拖車裝置的拖拉桿(Tow Bar)，有了這個拖拉桿就可以用來裝置額外小拖車，或放上遊艇等較大型的休閒器材。

● **加油方式**：加油站(Petrol Station)油價依區域性的不同有些差異，油價用分(Cent)表示。加油的方式和多數西方國家相同，採自助式加油，自己依照計價或計量方式設定加油機，加油完畢記住加油機的號碼，再去加油站裡的便利商店繳費。

紐西蘭加油站採分計費的油價與自助式的方式加油

● **貴重物品勿放在車上**：當地車窗鮮少貼有反光玻璃紙、隔熱紙，因此車裡車外常常都是一目了然，敲破玻璃偷車事件不少，重要東西還是隨身拿走不要留置車上。

● **安全帶**：法令規定，前、後排座的駕乘人員都必須繫上安全帶。

● **小心超速取締**：車少、路又直的公路，可是很容易讓我們不知不覺就重踩了油門，要知道這裡可是會取締的喔！

客運 / Coach

在火車網絡不盛行的紐西蘭，搭乘客運對於遠距離的旅程，是大眾化且經濟安全的選擇，特別是在旅遊上更是使用頻繁。以獨身旅遊為例，一方面旅費較便宜，一方面由於少了駕駛危險，就可以放鬆地休息、享受風景。紐西蘭常見且知名的客運公司有Intercity、Mana Bus、Kiwi Experience、Stray等，這當中又以Intercity的普及率最高，還包含了跨越南北島的渡輪。

多數的客運公司都有提供旅遊套裝行程，以

交通網路線四通八達的客運InterCity

搭客運旅行也不錯

開車旅遊雖然停停走走很便利，但也可能存在著分心瀏覽風景與不同駕駛方向的危險性。因此，可以考慮搭乘各大客運(Coach)公司旅行，普遍來說，客運公司駕駛都會針對主要景點停留與說明，觀光景點附近的旅館如BBH、YHA，一般也會設在離景點不遠之處，並不會因為搭乘客運旅遊就錯失太多景點。雖然人數多的旅遊時，租車的確較經濟，但也要建立好小心駕駛的觀念，才不會玩得不開心啦！

客運相關資訊

InterCity：www.intercity.co.nz
Mana Bus：www.manabus.com
Kiwi Experience：www.kiwiexperience.com
Stray：www.straytravel.com

哪裡買票？

洽詢各旅客服務中心(i-Site)，或多數YHA旅館。

Intercity為例，環遊全紐西蘭主要景點至少8天的行程，價位約775 NZD。近來因自助旅行風氣盛行，各家客運公司常常會祭出限時優惠來吸引旅客，以Kiwi Experience與Intercity差不多的套裝行程來說，至少為21天的行程，一樣是環遊全紐西蘭主要景點，卻只要價549 NZD，真是超便宜的破天荒優惠，記得訂票前可上網多比較。

腳踏車 / Bike

對於運動的愛好者與省錢大作戰的旅遊家，腳踏車絕對是最佳的選擇，紐西蘭人熱愛戶外運動，腳踏車店不少，但專賣店裡的腳踏車大都高單價。近年來大型量販店如K-mart、Warehouse等相繼販售低價格的腳踏車，因此購買一台全新腳踏車已經不會讓荷包大大失血。

此外，腳踏車騎士還需要注意的事項有：騎腳踏車必須穿戴腳踏車專用的安全帽，以及為了晚上騎車安全，車前車後必須加裝電子閃燈裝置。由於是法令規定，所以不照做可是會觸法的。

超實用電子地圖Google

找地方、地址資訊可以利用簡便好用還有附加影像衛星地圖的Google Map，可以直接看到街景(Street View)、照片的臨場功能，還能讓你直接快速獲得目標地的位置(輸入地址)，還可以導航告訴你該怎麼走。

Google Map
找地址還有街景可看，非常好用。
 maps.google.com

紐西蘭黃頁地圖
善用Get Direction，還會導航教你怎麼走！
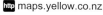 maps.yellow.co.nz

火車 / Train

紐西蘭南北兩島皆有火車運行，與渡輪聯運可跨越兩島，但因火車路線並不廣泛又少，加上價位與便利性不及搭乘客運來得吸引人，因此搭火車在當地並不盛行，想要體驗當地火車的喜好者可以參考網站，並上網訂票，如能確定日期，提早訂票的價格會比較便宜。

火車訂票網站
http www.railnewzealand.com

除了南北主要鐵路網，小鎮裡也有觀光火車

奧克蘭Bitomart火車站 (圖片提供：Geoff Blackmore)

北島火車站

城市名	車站名	地址
Auckland	Britomart火車站	12 Queen St.
Hamilton	Frankton火車站	Fraser St.
National Park	National Park火車站	Ruapehu St.
Ohakune	Ohakune火車站	Thames St.
Palmerston North	Palmerston North火車站	Matthew Ave.
Wellington	Wellington火車站	Bunny St.

南島火車站

城市名	車站名	地址
Picton	Picton火車站	Auckland St.
Blenheim	Blenheim火車站	Sinclair St.
Kaikoura	Kaikoura火車站	Whaleway Station Rd.
Christchurch	Christchurch火車站	Troup Dr.與Clarence St.交叉
Arthurs Pass	Arthurs Pass火車站	Main Rd.(State Highway 73)
Greymouth	Greymouth火車站	Mackay St.

基督城往Picton的東部幹線列車
Coastal Pacific

機場指南

紐西蘭主要有三大國際機場，奧克蘭、威靈頓、基督城，這三大機場到市區都有著相當便利的交通系統，途徑上都是大同小異。以下幾種從各大機場前往市區的方式。

公車 / Bus

威靈頓

91號機場快線(機場到威靈頓火車總站)，收費高低是依照乘客照搭乘的區域(Zone)數量計費，費用在6～12 NZD之間。在上車時可以用現金購票，只要面額不要太大，基本上司機都會找零。

91號機場快線(機場到火車總站)行經路線

91號機場快線

車上備有免費Wi-Fi供乘客使用。

91號機場快線有2條路線：

■ 機場到威靈頓火車總站：全程費用9 NZD，車程約35分鐘。

■ 機場到下哈特地區(Queensgate)：全程費用12 NZD，車程約1小時12分鐘。

奧克蘭

Skybus(City Airport Express)：從奧克蘭機場到市中心，單程費用成人18 NZD，可提前上網預訂車票會較便宜(17 NZD)。

Skybus行經路線

SkyBus http www.skybus.co.nz

圖片來源/擷取自www.skybus.co.nz

基督城

Metro經營3條從機場到基督城市的路線——紫色路線（Purble Line）、29號及125號公車，分別前往不同的地方，可依照居住地方做選擇。

www.metroinfo.co.nz

從機場搭乘，全程費用為8.5 NZD；紫色路線（Purble Line）與29號公車皆為每30分鐘一班公車，125號公車則為10～15分鐘。

■ **紫色路線**：機場至薩姆納（Sumner），途經市中心Avonhead Mall、Westfield Riccarton、Christchurch Hospital、Central Station、Christchurch Polytechnic、Ferrymead等地。

紫色路線

■ **29號公車**：機場至Fendalton（基督城郊區），途經市中心。

29號公車路線

■ **125號公車**：Redwood to Westlake，途經機場。

125號公車路線

接駁車

奧克蘭、威靈頓與基督城都有來往市區與機場之間的接駁車（Shuttle bus），可先上網預訂且預先得知搭乘費用；或者在搭乘時向司機詢問。若

上網預定可提前付款，當下溝通的話建議先詢問好費用再搭車，這樣的收費方式與計程車的跳表收費有所不同，會讓人比較安心搭乘。

Shuttle bus
www.supershuttle.co.nz

計程車 / Uber

機場服務的計程車無須提前預約，只要走出機場大廳順著指標前進就會有許多選擇。計程車的收費偏高，但好處是有專人直送到府，方便又簡單；而使用Uber可透過Google Map大約得知搭車費用以及使用叫車服務。

DATA 紐西蘭三大機場更多的資訊

奧克蘭：www.aucklandairport.co.nz
威靈頓：www.wellingtonairport.co.nz
基督城：www.christchurchairport.co.nz/en

Working Holiday

In the south-western Pacific Ocean. Polynesians settled New Zealand in 1250 - 1300 AD and developed a distinctive Maori culture, and Europeans first made contact in 1642 AD.

New Zealand

吃 喝 訣 竅 篇

吃吃喝喝，省錢要從何下手？簡單介紹紐西蘭的飲食文化，並提供打工客不可不知的用餐指南。當然最重要的走到哪省吃到哪的祕方也要講給你知。

紐式飲食   **80**

  便宜生存法   81

餐廳推薦   **82**

紐式飲食

紐西蘭人一天當中最常接觸的食物包括吐司麵包(烤過稱Toast、未烤叫Bread)、麥片、蜂蜜、馬鈴薯、三明治、麵食(Pasta)及許多點心甜點。由於是乳製品出產國,喝咖啡多用牛奶替代奶精,有喝下午茶和早茶的習慣,喜愛自製點心糕餅,廚房通常會有烤箱及泡茶或咖啡用的電水壺(Kettle),午餐喜歡吃簡單的輕食,晚餐則是略較豐盛,總括說起來偏向西式。

用餐時間與台灣並無明顯不同,受到部分亞洲國家及其他人口的流入影響,紐西蘭當地的主要特色食物在牛、羊肉質品、海鮮及酒類較為聞名,價位則略比台灣低廉。小吃雖然和聞名的台灣相比起來不多,但亞洲口味在城市內並不難找,中國餐廳、日本餐廳或是要來個韓式風味的店也是不難。

當地傳統必嘗的美食之——Fish and Chips (炸魚和薯條)

紐西蘭平均國民年所得約45,000NZD,比台灣高出許多,常見的食物如中式炒飯大概都要12NZD。晚上除非在大城市或觀光景點,否則很難有吃的可尋。

紐西蘭大人小孩都愛的Tip Top冰淇淋

紐西蘭出產的巧克力,當地人最愛

洋芋片是當地非常受歡迎又便宜的零食

便宜生存法

如果以一日三餐每餐外食花費以最平價的12 NZD來說，一天下來就需要花費36 NZD，若偶爾一餐外食還可以，如果每天餐餐外食，長期下來就是一筆大開銷。所以若是居住環境許可並且有提供廚具、餐具等設備，會建議自行下廚，一來經濟實惠又健康，二來可以增進廚藝，實在好處多多。

如何找到便宜的大型超市

通常大城市的超市食物售價，會比小城市的雜貨店便宜，有些居住偏遠地區的當地人，習慣大老遠開車到大城市，採購可長期保存的食物。超市限期與傳單折價券，可為日常用品與食物小省一番。

用Google地圖搜尋超市

先利用Google地圖，輸入紐西蘭後，出現紐西蘭地圖後直接輸入下面超市名稱，就可以知道哪裡有超市以及各家超市的資訊(如營業時間、地址等)。

購買酒精類飲品非得帶證件不可

酒類管制非常嚴格的紐西蘭，除了一般超市有賣酒類以外，更是有專賣酒類的商店(Liquor Store)，不管是在一般超市、專賣酒類商店購買酒類或是在餐廳點酒，都是需要攜帶護照或其他可證明自己身分以及註明出生年月日的證件以供店員查證，不然店員可是不會把酒賣給你的呢。

超市公告：沒這些證件的話可是不會賣酒給你

超市比一比

- **New World**：大小適中的購物空間，走精緻路線且服務品質良好，據點比Countdown多。
- **Countdown**：價位跟New World差不多的連鎖型大超市，部分分店24小時營業。
- **PAK'n SAVE**：標榜全紐西蘭食品類最便宜的大型連鎖超市，價位實在，想撿便宜來這邊就對了，但據點較少。

New World超市

Countdown超市

PAK'n SAVE超市

餐廳推薦

北島 The North Island

THE FRENCH CAFÉ

法式料理，榮獲2017 Metro年度餐廳獎——最佳服務獎，3道餐點110 NZD。

✉ 210 Symonds St, Auckland

BOULCOTT STREET BISTRO

精美西式佳肴，主菜約35 NZD上下。

✉ 99 Boulcott St, Wellington

Crab Shack (威靈頓分店)

想大嗑螃蟹、帝王蟹腳、蚌類，一定要來這家，新鮮美味得讓人覺得不虛此行，除了威靈頓以外，奧克蘭也有分店。

✉ 5 Queens Wharf, Wellington / ☎ (04)916-4250 / http www.crabshack.co.nz

酥炸軟殼蟹與扇貝

SALUTE

位於北島的GREYTOWN，氣氛溫馨與友善，每道小菜平均價格約15 NZD。

✉ 83 Main St., Greytown

Food at Wharepuke Restaurant

紐式、歐式、泰式料理，菜色極具創意，又以泰式料理最受好評，主食加上一份甜點約50 NZD。

✉ 190 Kerikeri Rd., Kerikeri

Storehouse

老闆利用倉庫經過巧手改造成這家具有工業風格與溫馨的咖啡廳，主廚之一曾在紐西蘭知名大飯店工作過，之後被挖角過來的。非常推薦店內特色餐點——炸雞鬆餅，目前是我在紐西蘭吃過口味最棒、最好的，炸雞外酥內嫩，配烤的上酥脆度剛剛好的鬆餅，再加上甜甜不膩口的楓糖漿，毫無違和感，絕配！

✉ 14 Runanga St. Taupo / ☎ (07)3788-820 / http www.storehousetaupo.co.nz

餐廳趣味擺飾

店內招牌餐點之一：炸雞鬆餅

83 Working
So Easy!
Holiday in New Zealand

吃喝訣竅篇

南島 The South Island

Lakeside Palace Chinese Restaurant

中式料理,服務佳味道美,價位與菜色都有彈性選擇。牛肉炒飯一盤約15 NZD。

✉ 3 Rees St, Queenstown

Fergburger

紐式風味,知名分量大又新鮮的漢堡,常大排長龍,招牌漢堡一份約12 NZD。

✉ 42 Shotover St, Queenstown

Sombrero's Mexican Restaurant

墨西哥菜,捲餅(Burrito)一份約19.5 NZD。

✉ 11-13 Beach St(Beech Tree Arcade), Queenstown

PIER Restaurant & Bar

背山臨海視野超讚的PIER 24,選個天氣好的一天,絕對值得奢華一次。午餐主食(Mains)平均消費約12.5～27 NZD。

✉ 24 Esplanade, St Clair Beach, Dunedin

Flame Bar & Grill

炭烤肉類的高手,烤肉拼盤上每道料理都非常好吃入味,另外推薦海鮮巧達湯。

✉ 61 Beach St. Queenstown / ☎ (03)4092-342 / http www.flamegrill.co.nz

招牌拼盤

FLEURS PLACE

來到南島的Moeraki可以造訪的面海餐廳,自然與溫馨的用餐環境,加上新鮮健康的食材,覺得錢花了也很值得。

✉ 169 Haven St, Moeraki, Otago

Hikari

日式料理,眾多高分評比。

✉ 5 Beach St, Queenstown

MERRY THAI RESTAURANT

泰國料理,平均消費在20 NZD上下。

✉ 231 Papanui Rd, Christchurch

the grand Café

基督城賭場2樓的午餐。

✉ 30 Victoria St., Christchurch

Kohan Restaurant

來到蒂卡波湖(Lake Tekapo),一定要來品嘗這家日式料理,可以一邊吃餐點一邊欣賞湖景,價位其實不太貴,非常推薦納豆鮭魚丼,看著碗裡滿滿的納豆與鮭魚,不僅是視覺享受,連吃在嘴裡非常協調與享受,不喜愛納豆特殊味道的人可以改點鮭魚丼,除了丼飯以外,另有傳統日式定食可做選擇。美食加美景,真是人生一大享受!

✉ 6 Rapuwai Lane, Lake Tekapo / ☎ (03)6806-688 / http www.kohannz.com

納豆鮭魚丼

Working Holiday

In the south-western Pacific Ocean. Polynesians settled New Zealand in 1250 - 1300 AD and developed a distinctive Maori culture, and Europeans first made contact in 1642 AD.

New Zealand

採購指南篇

從便宜到昂貴，各種買東西的選擇。提供消費習慣、折扣季節的資訊，還有哪些東西在紐西蘭是買到賺到，給家人朋友的紀念品可不能沒有特色。

消費指南	**86**
購物要點	86
特色紀念品	88
購物地點介紹	**89**
威靈頓	89
奧克蘭 vs 基督城	91
市集介紹	**92**
威靈頓	92
奧克蘭	93
基督城	93

消費指南

購物要點

營業時間

　　大多數店家營業時間為週一～五09：00～17：00，度假勝地的商店可能會開到晚上，部分商家週六、日亦有營業。銀行週末不營業，郵局與Kiwi Bank則視地區而有不同，部分週末有營業。

折扣期間

　　介於換季間前後（6月、12月）或是聖誕節、復活節前後，商圈及大型量販店，會有大折扣出現。若礙於預算，紐西蘭當地二手（Secondhand）店普及，價格便宜，是挖寶好去處，舉凡衣服、生活用品、家具等等都不難發現。若要採買新品服飾，過季與瑕疵新品的大型暢貨中心（Outlet）則會更便宜。

Harvey Norman專賣3C與電器用品

Farmers百貨走高價精緻路線

付款方式

　　長期停留紐西蘭，除了現金外，eftops的使用率是相當高的，大多數的商家都有提供這類的付費方式。此外，目前並無紐西蘭幣值之旅行支票。

在紐西蘭消費時，隨處可見的eftpos

換季時期，6月、12月前後或逢重大節日，就是大肆採購的好時機

紐西蘭消費需知

消費稅

在紐西蘭消費時最常面對的，是15%的消費稅GST(Goods and ServicesTax)，也就是說，如果你買了未含稅的商品金額10 NZD，那麼你將支付的總額為11.25 NZD；不過，大部分的商品在販售時均已含稅。

信用卡

身處海外雖說有信用卡與某些國內金融卡可以使用，但由於要支付額外的手續費(通常信用卡海外刷卡手續費約消費金額1～2%，金融卡則是收取一筆固定金額加上消費金額1～2%手續費)，所以長期下來不見得划算。

小費

一般而言，紐西蘭的餐廳或飯店沒有收小費的習慣。不過若你覺得飯店、餐廳的服務讓你很滿意也是可以付小費，服務人員會非常地開心。

兌換貨幣

國際機場、當地的各家銀行、部分旅館、市區內的換匯處都可兌換紐幣或其他國家貨幣，每個地方的匯率會有些許不同，若不急著使用貨幣，可以多詢問後再決定。

換匯處

免稅店

除了免稅店外，購物並無退稅制度。紐西蘭的免稅店在大城市或觀光地區，營業時間多比一般商家長，購買時除了要攜帶護照外，要注意許多商品需在機場領取。

零錢的四捨五入法

大多數零售店對於零錢採四捨五入法。按照這種方法，1～4分算0，6～9分將進位。例如：總額21.04 NZD的東西只需付21 NZD；9.66 NZD的東西要付9.7 NZD。少部分商家對尾數5分處理情況不同，目前並無法令規定。

流行便宜貨哪裡找？

●街道巷弄裡的私人車庫二手拍賣(Garage Sale)盛行，喜歡二手貨的遊人，在路上東看西看時可以多多注意。

●Warehouse、Countdown不定期都有許多特價商品，不論是衣服還是生活用品等等，對於購物喜好者不妨多多留意。

●紐西蘭現在也有類似台灣的10元商店，不過價格是以2 NZD價格起跳，稱為「Just $2」，其他許多亞洲人經營的禮品店，也都有相當低廉的價格可以選擇。

二手店不論是生活用品、擺飾等，都是便宜挖寶的好去處

特色紀念品

紐西蘭當地紀念品的種類非常多，不管是擦的、吃的、用的，一應俱全，而且都源自紐西蘭本地，最有名的有：Manuka蜂蜜、蜂膠製品、Rotorua火山泥面膜、各式巧克力、有機天然的

保養品、保健食品、羊毛製品、貝類製品以及聞名國際的酒類。酒類建議到各大超市購買，其他品項則可以到各地區的特產店購買，價錢會比一般通路便宜許多。

隨處可見

● 光腳(Bare Foot)文化在當地普遍，一些青少年搭配正常衣著卻喜歡光腳而行。

● 或許是氣候變化太快，當地人似乎有不愛撐傘的習慣，每逢下雨常常會遇見沒傘的人，有些地方甚至連買傘都有點困難。

紐西蘭物價參考

● 拿鐵咖啡4.5 NZD
● 95無鉛汽油204.9 NZD／公升
● 明信片郵票2.2 NZD
● 雞胸肉13.99 NZD／公斤
● 牛奶2.83 NZD／公升

Marlborough的Sauvignon Blanc聞名全世界
(圖片提供：Minoru)

近來最夯的伴手禮，紐西蘭Manuka蜂蜜遠近馳名，由於在本地相當普遍，在當地價格相當平易近人，各家各戶都一定必備

知名大廠Blackmores出產的乳霜，滋潤度夠又不貴

紐西蘭有機保養品，台灣也有設點不過還是當地買比較便宜

Greenstone(左)與Koru形狀(右)骨雕飾品讓人一眼就能夠認出是紐西蘭的工藝

Paua鮑魚製品種類很多，項鍊、耳環更是款式多樣，很適合買來送人

New World酒類選購區

當地出產的巧克力，送禮自食兩相宜

購物地點介紹

威靈頓

　　有別於基督城、奧克蘭，在市區都有大型Shopping Mall，威靈頓的購物地點大部分都在大街上，而威靈頓市區不大，可以一邊漫步市區、享受悠哉步調，一邊逛街。

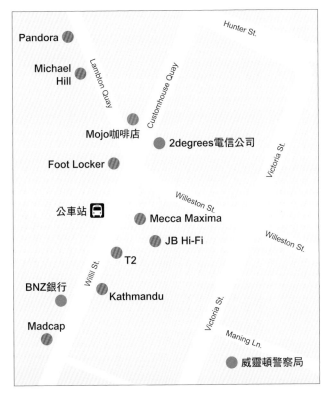

T2

　　喜歡喝花茶或愛收藏特殊、漂亮杯組的你一定要逛逛這家店，有一整面牆的茶品供你選擇，不管是傳統茶葉風味或者是各式不同風味的花茶通通一應俱全，茶杯組在每季都會推出不同的風格，可以滿足你喜新厭舊的需求，重點是台灣買不到，店裡還有試喝的貼心設計，讓顧客可以試喝過後滿意再購買。

✉ 11 Willis St, Wellington, 6011
☎ (04)901-2579
http www.t2tea.com

琳瑯滿目的杯具組合及茶類讓人不知從何挑選

Pandora

　　來自丹麥的珠寶品牌，可以依照自己的喜愛選擇不同的珠子，進而設計成一串獨一無二、完全屬於自己風格的手鍊或飾品。每顆珠子都象徵著特殊的意義或情感，有時候更會與迪士尼合作推出聯名設計款或者當地限定款。在台灣於各大百貨有設點販售，想必女生對這個牌子應該多少有些認識。

✉ 2/340 Lambton Quay, Wellington, 6011 / ☎ (04) 473-0036 / http www.pandora.net/en-nz

Michael Hill

　　紐西蘭當地的珠寶品牌。

✉ 342 Lambton Quay, Wellington, 6011 / ☎ (04)473-0663 / http michaelhill.co.nz

Mecca Maxima

　　美妝、保養品專賣店，各式不同品牌的彩妝、保養品，愛美的你一定要來逛逛！

✉ 1 Willis St, Wellington, 6011 / ☎ (04)499-2091 / http meccabeauty.co.nz

Kathmandu

　　紐西蘭家喻戶曉的運動戶外品牌，當地人家裡都會有一件Kathmandu的衣服或者外套，稱為國民品牌當之無愧。因主打登山、防風防水的功能，每件衣服設計都偏向運動戶外款，保暖情況非常符合當地的氣候，也時常會有折扣可以撿便宜，換算下來一件外套都比在台灣買類似機能外套便宜許多，喜歡登山或從事戶外活動的朋友千萬別錯過逛這家店。

✉ 1 Willis St, Wellington, 6011 / ☎ (04)472-0113 / http www.kathmandu.co.nz

Mojo咖啡店

　　來威靈頓一定要試試的咖啡，可在店內品嘗大眾口味的Mojo咖啡，也可選購咖啡豆當作伴手禮，目前只有威靈頓與奧克蘭有分店。

✉ Lambton Quay, Wellington, 6011 / ☎ (04)473-2327 http mojocoffee.co.nz

JB Hi-Fi

3C產品專賣店，偶爾會有限時特惠活動

✉ 1 Willis St, Wellington, 6011 / ☎ (04)890-0861 /
🌐 jbhifi.co.nz

Foot Locker

球鞋專賣店，許多限量款或是特殊款式的運動品牌鞋子都會在這邊發售，有些型號可是台灣買不到的呢！

✉ 366 Lambton Quay, Wellington, 5016 / ☎ (04)472-7999 / 🌐 footlocker.co.nz

基督城 vs 奧克蘭

在奧克蘭與基督城，大部分的店面都集中在購物中心（shopping mall）裡面，其實跟台灣的型態有點不同，原因有以下幾點，第一，紐西蘭地大，從A點到B點需要開半小時以上的車程才能抵達；第二，各家購物中心所販賣的商品與價位都大同小異；第三，不同地區的購物中心所擁有的店面、品牌都差不多，故當地人在逛街購物時都會選擇離自己最近的shopping mall為主。

基督城

Westfield Riccarton

✉ 129 Riccarton Rd, Riccarton / ☎ (03)983-4500

The Palms

✉ Corner Marshland & New Brighton Roads, Shirley/
☎ (03)385-3067

Northlands

✉ 55 Main North Rd / ☎ (03)352-6535

South City Shopping Centre

✉ 555 Colombo St / ☎ (03)962-8800

Eastgate Mall

✉ Corner Buckleys Rd. & Linwood Ave /
☎ (03)982-0800

The Hub Hornby

✉ 418 Main S Rd, Hornby / ☎ (03)349-7288

奧克蘭

Sylvia Park

奧克蘭最大的購物中心。

✉ 286 Mount Wellington Hwy, Mount Wellington
☎ (09)570-3777

Dress-Smart

奧克蘭Outlet，撿便宜的好地方。

✉ 151 Arthur St, Onehunga / ☎ (09)622-2400

Westfield Newmarket

✉ 277 Broadway, Newmarket / ☎ (09)978-9400

Westcity Waitakere

✉ 7 Catherine St, Henderson / ☎ (09)978-6700

Botany Town Centre

✉ 588 Chapel Rd, East Tamaki, / ☎ (09)272-3888

市集介紹

在此介紹紐西蘭三大城——威靈頓、奧克蘭及基督城中，歷史最悠久、人氣最旺的市集，除了新鮮蔬菜、水果、麵包以外，還有許多特色小吃攤販以及街頭藝人，更是當地人每個禮拜天吃午餐、遛狗、消磨時間並購買一週食材的好地方。

威靈頓

Harbourside Market

✉ Waitangi Park, Cable St
🕐 週日，夏天07:30～14:00、冬天07:30～13:00

Wellington Night Market

　　每週有2個夜市，週五夜市的食物選擇性會比較多，可別以為會跟台灣的規模一樣，有小規模的夜市可以懷念就要滿足了。

✉ 107 Cuba St, Te Aro / 🕐 週五17:00～23:00
✉ Corner of Cuba and Manners St / 🕐 週六17:00～23:00

Undergound Market

✉ Wellington Waterfront, Jervois Quay
🕐 週六10:00～16:00

Newtown Fruit and Vegetable Market

✉ Mein St, Newtown / 🕐 週六07:30～14:00

Thorndon Farmers Market

✉ Cathedral of St Paul, 5 Hill Street, Thorndon
🕐 週六08:30～12:30

假日市集內各式新鮮便宜的蔬果

好吃又可輕鬆填飽肚子的熱狗，午餐的好選擇

奧克蘭

Takapuna Markets

✉ 17 Anzac St, Takapuna / ⏰ 週日06:00～12:00

Clevedon Village Market

✉ 3 Papakura-Clevedon Road, Clevedon
⏰ 週日11:00～14:00

Parnell Farmers' Market

✉ 545 Parnell Rd, Parnell / ⏰ 週六08:00～12:00

Hobsonville Point Farmers Market

✉ The Landing, by Hobsonville Ferry Terminal, Hobsonville
⏰ 週六09:00～13:00、週日09:00～14:00

Avondale Sunday Markets

✉ Avondale Racecourse, Ash St, Avondale
⏰ 週日05:00～12:00

Otara Market

✉ Newbury St, Otara / ⏰ 週六07:00～12:00

其他奧克蘭市集資訊及介紹，可上奧克蘭觀光網站查詢。

http www.aucklandnz.com/visit/taste/markets

基督城

Riccarton Market

基督城最大的市集。

✉ Riccarton Racecourse, Riccarton Park, 146 Racecourse Road / ⏰ 週日09:00～14:00

Opawa Farmers Market

✉ 275 Fifield Terrace, Opawa
⏰ 週日09:00～12:00

假日市集不僅僅只有賣吃的，就連小朋友喜歡的遊戲都有，實在是太全方位了

About New Zealand

Working Holiday

In the south-western Pacific Ocean. Polynesians settled New Zealand in 1250 - 1300 AD and developed a distinctive Maori culture, and Europeans first made contact in 1642 AD.

New Zealand

通　　訊　　篇

如何在紐西蘭上網、寄信、打電話？教你們聰明購買電話卡，和你的親朋好友聯絡、申辦手機門號，並說明郵寄方式及使用網路、Email的來源，做個Smart打工客。

打電話	**96**
行動電話	96
公共電話	97
室內電話	97
郵寄	**98**
寄信件	98
寄包裹	99

打電話

以台灣打紐西蘭及紐西蘭打台灣兩方向做區分。紐西蘭國際電話卡業者數量龐大，台灣雖然種類較少，但兩國間使用市內電話，互打國際電話都很便宜。手機方面，在紐西蘭當地申辦號碼也很普遍、方便。至於公共電話使用頻率應該會很少。

從紐西蘭打到台灣，基本上都會使用Line、WeChat、Skype等通訊軟體，然而這些通訊軟體都是依靠網路來運作。

行動電話

+886+號碼(首碼去0)

例如：撥給台灣手機用戶為+886-937-123456(手機號碼省略開頭的0)，撥給台北室內電話為+886-2-2836-0755(區碼去0)

由於紐西蘭的行動電信系統與台灣相符，現存來說有GSM和CDMA（3G）兩種系統可供使用，因此是可以將台灣的手機攜帶去當地使用的。攜帶台灣原有的門號至當地雖可以使用，但通話時台灣與紐西蘭雙邊使用者都要付費，所以建議申辦當地的門號。目前紐西蘭有4家電信公司，分別為Vodafone、Spark、2 Degrees、Skinny，每家電信公司分別提供不同的使用方案以供顧客選擇。

申請了當地行動電話後，撥號至紐西蘭本地不需加國碼(紐西蘭國碼64。地區號碼奧克蘭09、威靈頓04、南島03)，舉例來說如撥給Vodafone用戶為021-123456。撥號至台灣則須加入國碼去零(如撥給中華電信用戶為+886-937123456)，也可以發簡訊喔！

如何申辦當地門號

可以親自前往各大電信門市或者機場辦理，申辦方式相當簡單，只要準備好購買SIM卡與方案的費用即可，不需要任何證件，部分門市及機場都有中文服務人員，不太需要擔心會有溝通方面的問題。

DATA 紐西蘭各家電信官網

http Vodafone：www.vodafone.co.nz
http Spark：www.spark.co.nz
http 2 Degrees：www.2degreesmobile.co.nz
http Skinny：www.skinny.co.nz

公共電話

公共電話多為混合藍黃顏色的透明小亭，可在多數街道馬路見到，付費方式有投幣、電話卡、信用卡、國際電話卡4類，全部皆可撥打國際電話，以電話卡插卡式最為普遍。前三類撥號方式與行動電話相同，第四類略同下一段室內電話（撥接號要撥01447）。

紐西蘭插卡式電話 (圖片提供：阿德areder)

行家祕笈

紐西蘭的Free Wi-Fi並不普及，也不是每個城市都會提供，不過在許多指定的地方(如圖書館、漢堡王、麥當勞或者部分餐廳、電話亭)都會提供免費網路，最特別的是Spark電信，用戶可以在Spark電話亭免費使用網路流量1GB／天。

紐西蘭Spark電話亭

室內電話

1
Step
輸入撥接號(01446)

2
Step
選擇語言後輸入卡號(卡片後)

3
Step
00+國碼+撥打電話(首碼去0)

例如：紐西蘭市話撥台北市話：01446→選擇語言後輸入卡號→00-886-2-12345678

撥打國際電話的部分，買國際電話預付卡以室內電話打回台灣相當便宜，1分鐘約新台幣1元！

此外，國際電話卡也可以撥打至紐西蘭室內電話或手機，話費也很划算喔！

當地知名的國際電話預付卡公司有Kiwi Call、Rate Saver、Day Break等。各家國際電話預付卡收費方式大致上有分為有接通費(Connection Fee)和沒接通費2種，又有分時段(Peak Time)和不分時段2種計費。比較值得注意的事，使用國際預付卡打電話，若是不用當地室內電話撥打，而是使用公共電話(Payphone)，將會每分鐘收取額外的費用(Surcharge)，因此變得不划算。

不過國際電話卡撥號方式較為繁瑣，一般撥號順序為：1.輸入所在地撥接號碼→ 2.選擇語言→3.輸入卡號→ 4.輸入撥打電話

以國際電話預付卡KiwiCall利用住宅電話撥打台灣市話作為範例，發話地點基督城，撥號順序為：01446→輸入卡號後加＃號→00-886加台灣地方區域號碼與電話號碼後加＃號。

郵寄

寄信件

　　由紐西蘭寄發國際郵件至台灣，大概有5家以上的郵寄公司，以常見的Universal Mail、New Zealand Post與DX三種郵寄系統爲例：各家郵寄時間與費用都差不多，唯獨差在投遞點的多寡；各家發行的郵票與郵筒不同不得混用，須分別投遞；郵票可在超市、書店、旅客中心和飯店購得。New Zealand Post分布較普遍，其次爲Universal Mail。至於書寫方式可直接寫中文，但要在收件人地址最底端寫上英文國家名稱Taiwan。

New Zealand Post

　　紐西蘭郵政國際信件分有經濟型（Economy）與航空型（Air），信封上要記得貼上專屬的貼紙。以航空型爲例，郵寄時間約6～10天，重量限制200g以下，尺寸130×235mm內的航空信封及明信片，郵資爲2.2NZD（大小明信片都適用），其餘規定可查詢網站。

http www.nzpost.co.nz

紅加綠的紐西蘭郵局有不少和Kiwibank聯營

DX Mail

　　信箱分布較不普及。以商業郵寄用途爲主，也可寄私人信件，郵票爲1.91 NZD、信封2.45 NZD，郵寄時間約4～10天。與Universal Mail相同，該郵寄系統的信件需要投入與紐西蘭郵局不同的郵筒。

http www.dxmail.co.nz

DX Mail郵筒在當地並不常見

Universal Mail

　　Universal Mail爲主要專對紐西蘭觀光產業的國際郵寄系統，專門提供明信片與特殊訂做個人化郵票服務，因此可以在許多觀光景點購得此類郵票及周邊。專屬郵票只能貼明信片，郵資1.9 NZD，郵寄時間約6～10天。需要注意的是，該郵寄系統需要投遞入與紐西蘭郵局不同的郵筒。

http www.universalmail.co.nz

寫有NM字母的Universal Mail郵筒

通訊篇

寄包裹

郵寄大型物件(2公斤以上)至台灣,可利用便捷的紐西蘭郵政投遞。以送達日分類,可區分追蹤航空型(1～5天)、追蹤經濟型(2～6天)、一般航空型(3～10天)、一般經濟型(10～25天)。以追蹤經濟型與一般經濟型為例,投遞步驟為:

Step 1 打包裝箱

打包裝箱、填妥包裹單後至郵局投遞。紙箱可自行準備或至郵局購買,體積限制為最長單邊105公分以內、最長單邊加最大周長200公分以內、重20公斤為限。重量上限:追蹤經濟型30公斤,一般經濟型20公斤。

Step 2 填寫郵件資訊

在紙箱外寫上目的國家及收件人(自行準備紙箱者另外書寫並黏貼,可填寫中文)。

Step 3 至郵局投遞

攜帶至郵局郵寄及領取收據。

中文包裹單的填寫範例可從郵局的郵寄中文小冊子裡取得

追蹤經濟型與一般經濟型比較

追蹤經濟型(限重30kg)	一般經濟型(限重20kg)
填黃色包裹單IEC001單(International Economy Courier Consignment Note)	填紅色包裹單OS007單(International Economy Red Consignment Note)
出口費(當包裹價值大於1,000 NZD者須支付)	貼綠色貼紙(International Economy Sticker)
出口證明(商業買賣用途者須填寫Export Invoice NCP1025單)	出口證明(商業買賣用途者須填寫Export Invoice NCP1025單)

紐西蘭郵寄至台灣的費用(NZD)

重量(公斤)	追蹤型包裹	一般型包裹
5	124.44	100.03
10	209.29	181.13
15	294.14	262.23
20	378.79	343.33
25	463.84	無服務

＊價格若有異動,請以紐西蘭郵局發布的資訊為主

其他建議與提醒

紐西蘭地址怎麼看?

大多數地址表現方式順序為:號碼與街道名＋區域名(可省略)＋城市名稱(可縮寫)＋省分與郵遞區號(可省略)。以最普遍的寫法來舉例:

66 Colombo St., Chch., New Zealand
號碼　街道名　城市　國家

善用包裹控制行李重量

對於各家航空公司的行李限制,機場內的行李加載服務航空郵資較高,大型且重的物品千萬不要冒險搭機,萬一航空公司限制嚴格,將會造成時間與金錢上的浪費。大可利用紐西蘭郵政(New Zealand Post)包裹寄至台灣,一來旅程輕便,二來也比較便宜。

郵寄照片明信片

若想把自己拍的紐國美麗風景照當作明信片寄給親友,the Warehouse、Warehouse Stationery、Kodak Express等地方,都有數位相片沖洗服務。

Working Holiday

In the south-western Pacific Ocean. Polynesians settled New Zealand in 1250－1300 AD and developed a distinctive Maori culture, and Europeans first made contact in 1642 AD.

New Zealand

語言學習篇

1年的時間，要如何好好加強英文？飄洋過海來此地要怎麼利用環境及資源優勢，給他好好地、經濟地補一下英文？透過一些小經驗分享幫你充充電。想考張英文證照回國，這裡也有說明。

語言學習	**102**	廣播、電視、報紙	105
學習管道	102	圖書館	106
語言學校	103	當地教育機構	106
教會學英文	104	**考試檢定**	**107**
家教和語言交換	104	**常用紐式英文**	**108**

語言學習

到國外接觸到英文的機會比較多，所見所聞大都要用英文來理解與溝通，堅持養成學習英文的習慣很重要，生活中的傳單、廣告看板、與人交談等都是一種片段學習且立即的學習習慣。每天寫英文日記，到語言學校唸書時，要求老師每天改你的日記，也是一種清楚講話條理與訓練習慣口語用句的好方法。

學習管道

在還沒到國外時，對學英文難免都會有所預期，一旦在國外的那種新鮮與生活熱度過後，加上工作等等的倦怠，很容易對事物感到挫折與氣餒，亞洲遊學者對英文學習上的不適應時有所聞，如果真的想把英文學好，一定得持續接觸與實際練習，定期地吸收英文來源，搭配與朋友、同學或老師的練習慢慢進步。

固定的學習英文方式除了可透過上語言學校外，有些當地教會提供的廉價英文課程也是一個好選擇。學習英文後信心度增加亦可以考慮參加國際英文認證分級，檢視自己的程度，若是成績不錯，日後更對工作甚至是移民留學有所幫助。

毛利語

紐西蘭日常使用的通用語言是英語，由於當地原住民為毛利人，政府亦相當提倡毛利文化及語言，因此紐西蘭的官方語言還包括毛利語。

資格認證NZQA

紐西蘭政府成立的教育認證機構，針對立案教育機構會定期調查其教育品質、瀏覽學校網址、費用，可上網看公布資料，網址：www.nzqa.govt.nz/providers/index.do

可填入學校名稱(Search word)或選區域找學校(Search providers by region)。找到後，看網頁下方提供的評估報告(External quality assurance report)，有PDF及WORD兩種格式。

隨手可取的傳單、小冊子等都是免費的短篇英文教材

語言學校

教學效果不錯、上課有積極地互動，加上認真念好教材並打好英文基礎，此外還有固定的同學、朋友，透過學校或是同學彼此間的活動培養感情，可以時常開口練習英文，會使得英語程度提高許多，唯獨學費有點高，讓許多人卻步。不過對於一個非英語為母語的學習者來說，剛到一個陌生且全英文的環境，上個短期英文課程確實是非常有幫助。

語言學校所開設的英文課程，通常會有一般英文(General English)、商業英文、IELTS、TOEIC等，且分為全天班(Full Time)和半天班(Part Time)，全天班的上課時間多為09:00～15:00、半天班則只到中午12:00就結束，完全可以依照個人需求來選擇課程以及班別。至於用何種方式尋找適合自己的學校、費用是多少，則可以參考紐西蘭NZQA網站的資訊，或者上網搜尋曾經上課過的人所分享的文章，但別人的經驗也只是供你參考，適合別人的不一定也適合你自己。

其實最簡單的方法就是親自去試聽，親身感受過最明白，不僅僅只是試聽而已，可以藉此機會順便到學校去參觀一下，感受一下學校內的氣氛是否喜歡，而每家學校的學費都有些許不同，基本上如果選擇全天班(Full Time)，每週約400 NZD，而半天班(Part Time)的學費會稍微便宜一些，每週約320 NZD，實際學費以各家學校每年公告為主。

語言學校經驗

每家語言學校的理念不同、教學方式也都不盡相同，能夠挑選適合自己的學習環境及模式非常重要，學費不便宜，得好好選擇才是。每個人喜歡或者可接受的教學模式不太一樣，最能夠找到適合自己的方法就是親自到學校去試聽及參訪，親身體驗過後便能略知一二。

在報名學校並確定課程及時間後會進行能力分班測試，測試分為筆試與口試，有些學校只有口試沒有筆試，有些反之，測試方法以各校為主，測試的目的在於讓學生可以被分配到適合本身程度的班級，太高或太低的班級對於學生來說都不好，聽到要分班考試其實不需要太緊張，有些學校的考官會很友善地引導考生開口講英文，有些真的是嚴肅到不行，這會讓平常幾乎不太說英文的我們感到緊張與不安，對我來說後者肯定對這家學校有個不好印象。

如果到被分配的班級經過上課後，仍覺得課程難易度對你造成學習上的困擾(覺得太簡單或太困難)，可以試著跟學校反應，經過評估後會幫你調整班級，我自己就曾經反應過這方面的問題，經過評估後也順利升班，因原本班級上課內容對我來說真的有點過於簡單，讓我覺得有點浪費錢，會來語言學校都是為了求語言能力上的進步，有任何課程上的問題都可以盡量跟學校反應，也要為自己爭取應有的權利。

一般來說語言學校都是小班教學，班級人數越少越好，這意味著學生被老師關切的機率變大，這可是好事，學校裡也會有不同國籍的同學，來到這邊就要多交朋友，更別忘了要跟大家介紹自己的國家與美食，這是最容易引起共鳴的話題，也能夠多開口練習說英文，不怕出錯和丟臉，才能夠進步得快速。

教會學英文

紐西蘭人的主要信仰為基督教，教會和台灣的寺廟一樣普及，以基督城眾多的教會來說，有些教友自願提供時間幫助海外來的人學英文，而學習者每次只要付少少的費用，補貼教師們提供的英文講義、小點心等等。

相對於語言學校昂貴的學費，跑教會的英文學習方式雖然不像語言學校的教科書那麼有結構性的教學，但是仍舊能持續地接觸英文，是相當經濟的方式。另外有一些免費的社交場合，見下表。

教會的上課情形：分組活動

家教和語言交換

英語個人家教

每小時收費約以15 NZD左右起跳，可以由1～3人組成，上課人數少，通常會在咖啡館或是自家住宅教學。由於來源不比語言學校多，多由布告欄廣告、傳單取得，找尋方面會比較不易。可以至仲介、圖書館、餐廳等地的布告欄找尋。

語言交換

是另類的英文學習，通常由兩位不同國籍的人，不計酬勞，以本身的母語互相交換教導。來源同樣可以至各仲介、圖書館、餐廳等地的布告欄獲得。

伴讀媽媽也很用功喔！

由於紐西蘭有不少外來民族的移入，加上來此留遊學的青年學子人數眾多，因此學習英文的活動相當地普遍，你大多數的同學可能是韓國人(Korean)、日本人(Japanese)、台灣人(Taiwanese)、印度人(Indian)、捷克人(Czechs)、阿拉伯人(Arabic)俄國人(Russians)。特別是當你在跑教會時，會發現很多韓國媽媽陪小孩單獨來到紐西蘭接受教育，並利用小孩上課的時間自己來教會學習，算是相當難得的學習例子。

基督城教會學英文列表

教會名	時間	公車號及目的地	地址
St. Mark Church	週一	3 (Avonhead)	150 Withells Rd.
Christchurch Chinese Church	週二	15 (Bishopdale) Orbiter	286 Greers Rd.
*Burnside Elim Community Church	週三	19 (Spreydon)	193 Graham Rd.

備註
1.教會的學期一般跟著高中及以下的學校學期走，分為4學期，因此準備去上課前請先確認學期是否開始。學期請上網查詢，網址：www.minedu.govt.nz(關鍵字Schools Terms & Holidays)。
2.多數課程時間為09:30～11:30。
3.第一次找地方比較不容易，尤其週四的地址不好找，可以搭公車時詢問司機，請他讓你在最近的公車站下。
4.週五的華人教會近年來開辦的英文課，是所有教會中唯一開班情形不穩定者。請事先打電話詢問：359-5986。
5.*另外有開聖經研讀(Bible Study)有關的課。

廣播、電視、報紙

聽廣播

想要透過聽廣播學紐式英文，不單只有車子上的廣播電台可以做到，在家也可以透過網站輕鬆收聽紐西蘭個地區的廣播電台呢！快點到以下網址輕鬆聽廣播吧！

http 紐西蘭廣播電台網址：www.radio.org.nz

讀報紙

當地一些城市報紙像是Christchurch Mail，有實體信箱或電腦可讀電子報，都可以免費索取。和聽電台相似，閱讀報紙可以獲得與課堂上不一樣的新英語句型與用法，一方面可以瞭解一些較專業與更有修飾性的單字，一方面吸收更新的用字用法。

看電視

當地綜合電視頻道(TV One、TV2、Prime)於週末前後的晚間時段都有西洋熱門電影播放，可以作為電影欣賞及練聽英文，效果會更加地令人投入。以基督城電視節目為例，若不裝設有線電視(SKY TV)，數位無線電視約可收視14個頻道，除了特殊的Teletex電視可以選擇顯示字幕外，電視節目是無字幕的。有音樂台(C4)、毛利電視台(Maori)、當地旅遊台(VTV)、宗教電視台(Shine)等一些綜合電視台(TV One、TV2、Prime、FOUR)可以觀賞，其他細節參考網址。

http goo.gl/VWvSY
http 電視節目表home.nzcity.co.nz/tvnow

其他資訊

何謂Teletext？

Teletext訊息檢索服務，擁有此功能的電視能顯示額外的文字訊息如天氣、運動和國內外新聞，以及提供電視字幕。

DVD能買嗎？

紐西蘭DVD視訊編碼為PAL、區碼DVD4，都和台灣不同，購買時請先確認台灣家中的DVD播放機可支援全區、電視系統與DVD播放機可支援PAL視頻編碼，才建議購買。

頻率	電台名	類型	頻率	電台名	類型
87.6	Life FM	基督教音樂	95.3	The Edge FM	流行樂 Music
87.8	Power Hit Radio	社區電台	96.1	C96 [1]	學生電台
87.9	Radio La Famia	社區電台	96.5	Classic Hits	90年代流行樂(夏季時)
88.1	Harmony FM	基督教音樂	96.9	Plains FM	社區電台 Radio
88.5	Volcano Radio	社區電台	97.7	Classic Hits	90年代流行樂
88.9	George FM	舞曲	98.5	RDU	另類音樂
89.3	Radio Hauraki	古典搖滾	99.3	Radio Live	談話性
89.7	Radio New Zealand Concert	古典樂	99.7	Radio New Zealand Concert (Sumner)	古典樂
90.5	Tahu FM	流行樂	100.1	Newstalk ZB	談話性
90.9	91-3ZM (Sumner)	流行樂	100.9	Voice of South Pole	中文、談話性 / 綜合
91.3	91-3ZM	流行樂	101.7	Radio New Zealand National	談話性 / 綜合
92.1	More FM Canterbury	綜合老歌	102.5	Kiwi FM	紐西蘭音樂
92.9	Solid Gold FM	60～70年代流行樂	104.1	Niu FM	流行樂
93.7	The Rock	搖滾樂	105.7	Pulzar FM	舞曲 / 流行樂
94.5	The Breeze	流行樂 / 輕音樂	106.5	Radio Hauraki	古典搖滾
94.9	More FM Canterbury	綜合老歌	107.5	Good Music 107.5FM	社區電台

圖書館

如果需要補充英文教材，當地圖書館提供許多英文學習有聲書免費借閱，此外也可以多閱讀口語化與易懂的童書，增加信心。其他像是社區課程資訊、技藝課程等都可以在這裡找到，應該要多多利用。辦理圖書證爲免費，攜護照、地址證明(請語言學校或銀行或電信公司開立)即可。

另外，除了語言學校內的影印機外，如果英語書或參考書需要影印備份，可以持圖書卡至圖書館或至Warehouse Stationery影印，價格略比台灣高一些。

當地教育機構

一些當地教育機構如基督城Papanui High School，會開設一週幾天的短期英語班，給一些移民者利用晚上或假日時間加強英文，由於價格便宜可以額外作爲學習英文的選擇。

http www.papanui.school.nz
(搜尋Adult and Community Education)

紐西蘭的教育制度

紐西蘭義務教育爲13年(year1-13)，學生於完成year13(相當台灣高中三年級)課程後 即可自由決定離校，或接受更高層之教育。全國有8所國立大學、47所技職學校，以及7所師範學院。若身分爲公民，在高中畢業前的學費完全免費，僅需繳交雜費，一般公立中小學校僅酌收數百紐幣的自願捐款作爲入學註冊費，但近年來因各校財政緊縮，所以有各種名目之募捐活動，以補學校經費之不足。

紐西蘭學校1年分4個學期(Terms)，與我國學制不同。小學教育(Primary School)5～10歲、國中(Intermediate School)11～13歲、高中(Secondary School)13～17歲。高中(含)以下學校，上課時間約09:00～15:00。

海外留學生在紐西蘭教育單位就讀，學費與當地居民相比貴了很多

基督城技術學院(CPIT)爲紐西蘭境內多所技術學院之一

考試檢定

Take the
easy way out.

建議及補充

台灣對於國際英文認證收費較低廉,多益約
1,500台幣,雅思約5,100台幣,可以自行斟酌
要在當地或是台灣進行測試。

　　且透過持續的英語學習一旦建立了足夠信心,考張有用的國際認證不僅可以對自己程度做一番測試,還可以為將來的求職加分,是有心要移民或想出國唸書者的必要標準。當地常見的考試有:多益(TOEIC)與雅思(IELTS)。

多益 Toeic

　　多益測驗目的乃針對國際職場環境中與他人以英語溝通的商業英語,主要是以職場為基準點的英語能力測驗。2011年開始分有聽讀多益與說寫多益兩種考試,可以個別報考,舉過去所熟知的聽讀多益來說明,屬於紙筆測驗,分作兩大部分:聽力與閱讀,兩者分開計時,兩部分各有100題選擇。

　　聽力的考試時間大約為45分鐘,閱讀則有多種題材的文章,然後回答相關問題。考試時間為75分鐘,全程共2小時,報名費約230 NZD。

雅思 Ielts

　　依用途主要分為一般類(General Module)與學術類(Academic Module)兩類,一般類主要用於移民找工作用途,而學術類則可以用來申請學校與報名一些專業課程。

　　雅思滿分為9分,考試分為聽說讀寫四大部分,每一部分滿分皆為9分,聽(Listening)、讀(Reading)、寫(Writing)會於同一時間採多人同時測驗,時間合計為2.5小時,說(Speaking)的部分考試時間約15分鐘,一般會在不同時間和地點與考官一對一測試。學術類與一般類測驗裡唯獨寫與讀部分不同,聽與說則是相同。一般申請國際的大學學院,要求約在學術類雅思6分左右。一般類對於移民標準則是5分上下。

　　雅思考試由於型態較複雜,部分語言學校有開設約為期4週的課程,沒有考試經驗的考生可以參加,或是至圖書館租借書籍來自行模擬練習,增加熟練度與更了解考試現況。報名費約385 NZD。

檢定資訊

多益

http www.pro-match.com/toeic
　　考場查詢:www.pro-match.com/toeic/For_
　　Stude nts/Public_Centres.html

雅思

http www.ielts.org
　　考場查詢:請在「Select by location」下拉式
　　選單中選擇國家

常用紐式英文

由於紐西蘭多為歐洲人後裔，又曾為英國殖民統治，因此較偏向英式英文，加上當地文化融合，形成獨特的紐式英文調調。這裡依照字母順序整理出常用的口語化單字，讓你快速進入狀況不再鴨子聽雷。

*表中僅列出該單字或詞句特殊中文解釋，其他一般詞性與中文翻譯將不被解釋，以示特殊。

英文（A-Z）	中文解釋
A Aotearoa	名詞；毛利文「紐西蘭」，被翻譯為「長白雲的土地」
Alpaca	名詞；羊駝
Advertisements(Ads)	名詞；(電視)廣告
B Bucks	名詞；口語的元＝Dollars
Bugger	名詞；傢伙，小夥子(多用於幽默、親熱的說法)
B.Y.O	(Bring Your Own)當地餐廳習慣讓消費者自行帶酒去餐廳享用的術語
B&B	(Breakfast & Bed)住宿加早餐，類似民宿
Bring a plate	拜訪朋友或參加聚會時，準備一盤菜或點心與大家分享用術語，或可用Pot luck
Bond	名詞；(房屋)押金
Body wash	名詞；沐浴乳
Bonnet	名詞；汽車引擎蓋
Boot	汽車行李箱
Boxing day	名詞；節日名稱。聖誕節隔天
Bush	名詞；範圍較小的森林，如高雄都會公園
C Carpark	名詞；停車場
Cheers	動詞；乾杯，亦可作為謝啦
Cycle	名詞；腳踏車Bike=Bicycle。動詞；騎腳踏車
City	名詞；市區、市中心。意思同Downtown
CNR	名詞；Corner交叉口
Cres	名詞；Crescent彎月型街道
Chemist	名詞；藥局
Cheque	名詞；支票
Choice	形容詞；非常好的，如choice milk，指的是品質很好的牛奶
Crisps	名詞；洋芋片
D Dairy	名詞；小雜貨店，同Grocery
Duvet	名詞；棉被
Dude	名詞；帥哥，對男性的非正式稱謂
Dr	名詞；Drive路、車道
E Eh	感歎詞；1. 徵求同感時疑問詞，It's cold, eh?(很冷不是嗎？) 2. 沒聽清楚對方講話要求重講，意同於Repeat that, please.
EFTPOS	名詞；(Electronic Funds Transfer at Point of Sale)，紐澳常用的電子付費方式，讓消費者於店面消費時，以金融卡輸入密碼直接扣款，不需用現金付錢
F Finger food	名詞；點心、小菜，非主菜
Flat	名詞；1.指平地上的房子、或是公寓(Apartment) 2.沒氣的(輪胎)
Fancy	動詞；喜歡，如jack fancies may
Footpath	名詞；路旁人行道
Fortnight	名詞；兩週
G Good day	你好！= Hello = Hi
Garage	名詞；修車廠、車庫
Gumboots	名詞；雨鞋
GST	(Goods and Services Tax)貨物及服務稅
Grv	名詞；Grove街道
Ground floor	名詞；台灣的1樓
H Hot	形容詞；食物辣、天氣熱
Have a +	Go (試一下) / Look (看一下) / Shower (洗個澡) / Seat(坐一下)
Heaps of	很多、常常；等同於Lots of
Hang on	等一下！ 等同於Wait a minute
Haere ra	毛利文「再見」
Haere mai	毛利文「歡迎」
Hottie	名詞；保溫用熱水袋
J Jersey	名詞；(針織)毛衣

K		
	Kiwi	名詞；1. 紐西蘭人的俗稱 2. 奇異鳥
	Ka pai	毛利文「Good」
	Kia ora	毛利文「Hello」
	Kayak	名詞；獨木舟，紐西蘭喜愛的水上運動，同Canoe
	Kettle	名詞；電熱水壺

L		
	Lolly	名詞；糖果、棒棒糖
	Lovely	形容詞；令人開心的、美好的
	Level	名詞；樓層，如Level 10代表11樓
	Language Line	名詞；紐西蘭為協助非英語人種提供的電話服務，至政府機關時要求提供
	Lift	名詞；電梯，或載別人一程(如 I can give u a lift, if u want!)
	Loo	名詞；廁所，同toliet

M		
	Mate	名詞；對人口語式的稱呼，指朋友、伙伴
	Many thanks	名詞；多謝。等同於Thanks a lot
	Mad	形容詞；瘋狂的，同crazy
	Mandarin	名詞；中文(普通話)，也就是國語，是Chinese的一種
	Main	名詞；用餐時的主菜
	Maori	名詞；毛利人。紐西蘭當地原住民(科學證實與台灣的原住民DNA很接近)
	Motorway(Highway)	名詞；高速公路

N		
	No worries	沒問題、別擔心、沒事(關係)＝That's ok=That's alright
	Note	名詞；紙幣、鈔票，同Bill
	Netball	名詞；一種類似籃球的球類運動

P		
	Particularly	副詞；尤其是。等同於Especially
	Parking Space	名詞；停車位
	P.Y.O	(Pick Your Own)。水果開放現採
	Pakeha	名詞；早期歐洲白人移民來後定居紐西蘭的人
	Pop	In (拜訪，同Visit) / Off (離開，類似「閃了」)
	Pl	名詞；Place街道名
	Partner	名詞；另一半的俗稱。妻子或丈夫
	Petrol	名詞；加油時的汽油

R		
	Road(Rd.)	名詞；路
	Ring	動/名詞；打電話(如give me a ring before u come或ring me when u are ready)
	Rubbish	名詞；垃圾，同trash、garbage

S		
	Street(St.)	名詞；街
	Sort of	一點點、一些、差不多。等同於 Kind of
	Sweet	好耶！不錯！用於傾聽別人闡述結束後。其他用法有Cool、Brilliant、Terrific、Super、Beautiful、Great、Awesome、Splendid、Excellent
	Serviettes	名詞；餐巾
	Sit a	Test (參加一場小考試) / Exam (參加一場大考試)

T		
	Tea	名詞；指的是晚餐，等同於Dinner
	Ta	謝謝！等同於Thanks
	Table cloth	名詞；專指用來擦乾餐具的毛巾，大小約同長方形洗臉毛巾
	T.A.B.	Totalisator Agency Board賽馬＆賽狗投注站
	Top up	動詞；加值，用於電話卡或公車卡等其他電子貨幣
	Tce	名詞；Terrace街道名
	Trolley	名詞；購物時手推車
	Thermals	名詞；保暖衣

U		
	U	等同於You，常用於簡訊
	Uni	名詞；University。等同於大學

V		
	Veggie	名詞；Vegetables。等同於蔬菜

W		
	Wee	形容詞；一點點、一些。等同於Little
	Wicked	形容詞；很棒的
	WOF	Warrant Of Fitness，汽車檢驗批准
	WHV	Working Holiday Visa打工度假簽證
	Wait a sec	Wait a second，等一下

X		
	xxxx	用於書寫或簡訊時，表示熱情的親吻

Y		
	Yummy	形容詞；形容食物好吃
	Yucky	形容詞；形容東西很噁心。等同於Disgusting

Welcome
to BRA**DRONA**

Thanks for visiting our beautiful valley!

While you are here enjoying the lovely scenery, please take a moment to kindly contribute to the New Zealand Breast Cancer Foundation.

100% of your contributions will be donated to the NZBCF

WWW.FACEBOOK.COM/BRAFENCE

Working Holiday

In the south-western Pacific Ocean. Polynesians settled New Zealand in 1250－1300 AD and developed a distinctive Maori culture, and Europeans first made contact in 1642 AD.

New Zealand

玩　　　樂　　　篇

打工度假可以怎麼Have Fun！拿著打工度假簽證，來到人人稱美的紐西蘭風光，呼朋引伴或自在的單身自助旅行是一種必須，這裡除了告訴你什麼是紐西蘭年度盛事，還有過客們口耳相傳的美麗境地。加上威靈頓、奧克蘭和基督城的遊樂景點，讓你深度暢遊。

紐西蘭環島旅行	**112**	**威靈頓特色景點**	**116**
南島風光	113	奧克蘭特色景點	119
北島風光	114	基督城特色景點	120
當地習俗與節慶	**114**		

紐西蘭環島旅行

華麗的熱氣球懷抱在遼闊的紐西蘭，簡直是絕配
(圖片提供：紐西蘭觀光局)

紐西蘭旅遊產業發達，不僅天然漂亮景觀多，各式各樣的活動可用眼花撩亂形容，高空彈跳(Bungee Jump)、高空跳傘(Sky Dive)、噴射艇(Jet Boat)、滾氣球(Zorb)、滑雪(Ski)，只要花得起錢，坐直昇機(Helicopter)熱氣球(Hot Air Balloon)、豪華郵輪(Cruise Ship)、大小活動絕對讓人直呼過癮。撇開各式各樣的活動不講，來趟環島旅行是不能在打工度假旅程裡缺席的。

環島的交通工具可以選擇：自行開車、搭客運、或是搭乘火車。目前紐西蘭有3條收費公路，分別為北島地區的Northern Gateway、Tauranga Eastern Link以及Taki-timu Drive，有行經過這三段路線的駕駛人，記得在規定時間內上網繳費，否則可是會收到罰款的。雖然行動力比較自由，可以隨處停停走走，但是郊區道路一般都不太寬闊，因此駕駛需要多多留意，道路一般都會有清楚指示方向、地名，免費地圖更是在大大小小旅客中心(i-Site)可以索取，相當便利。

搭客運是比較建議的選擇，一方面旅費較便宜，一方面少了駕駛的危險，可以放鬆休息又專心享受風景。兩大客運系統InterCity、Mana Bus，部分方案可以同時搭配火車自助行，火車的喜好者可以參考Tranzscenic。

Cape Reinga
Northland Beach

Coromandel Peninsula
奧克蘭Auckland

北島
North Island

Matamata　　Eastland
Waitomo　　Rotorua
Lake Taupo

Hawkes Bay

Wellington

Nelson
西海岸雨林

Kaikoura

Fox Glacier
基督城Christchurch
Mt. Cook　Lake Tekapo
Milford Sound
Lake Wanaka　　**南島**
Queentown　　South Island

Dunedin

Stewart Island

南太平洋

Auckland市區裡的高空彈跳，為了拿到勇士證書，跳吧
(圖片提供：紐西蘭觀光局 AJ Hackett)

速度與技巧的有趣運動
──滑雪 (圖片提供：紐西蘭觀光局 Chris McLennan)

南島風光

THE SOUTH ISLAND

　　南島的風光包括英國風的花園城市基督城、海洋生態與海產聚集地Kaikoura、幽靜湖邊Lake Tekapo、壯麗雪山Mt. Cook、冰河Fox Glacier、依山傍水的Queenstown、歷史古城Dunedin、世界遺產Milford Sound、美麗小鎮Lake Wanaka、西海岸的熱帶雨林Greymouth與Westport、渡輪地點Picton、度假海灘Nelson，有些景點在適當的季節遊覽更是恰到好處，如秋天金黃色的Lake Wanaka、春夏交替時魯冰花(Lupin)盛開或是秋景及冬雪的Lake Tekapo、天冷時Fox或是Franz Josef冰河探險等等，都是不得錯過的美景。

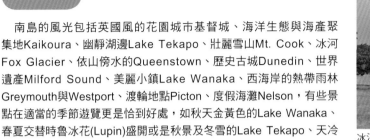

冰河Fox Glacier在西岸與Franz Josef都是冰河探險的好選擇

基督城黃水仙(Daffodil)在9月底盛開

度假海灘Nelson玩水或是曬曬太陽都很合適

Lake Tekapo一年四季的景色都讓人讚歎不已

Mt. Cook雪山的若隱若現，帶著神祕的壯麗感

Queenstown的周邊行程活動相當豐富誘人

Greymouth與Westport位在南島西海岸，有熱帶雨林與海岸景觀的特質

美麗小鎮Lake Wanaka湖色與水上活動帶來的寧靜感總是讓人心醉

Kaikoura的海鮮人人皆知

世界遺產Millford Sound可以加入郵輪行程，深度暢遊

(圖片提供：紐西蘭觀光局Holger Leue)

北島風光 THE NORTH ISLAND

在景點上北島知名旅遊的地點有,帆船之都Auckland、地熱溫泉Rotorua、世界上最大的火山湖Lake Taupo、文化藝術味濃的首都Wellington、美酒國度Hawkes Bay、自然景觀與豐富歷史的Eastland、90哩海灘Northland、浮潛勝地Coromandel Peninsula、鍾乳石洞與螢火蟲聞名的Waitomo等。

魔戒裡出現的哈比人屋位在Matamata,相當討喜 (圖片提供:Fion)

滑沙也是Cape Reinga特色
(圖片提供:Fion)

Wellington Cable Car人人必坐

地熱溫泉Rotorau,美容用的火山泥很有名

Cape Reinga位於紐西蘭最北端

帆船之都奧克蘭(Auckland)是紐西蘭第一大城 (圖片提供:Fion)

當地習俗與節慶

獨木舟運動,不論是湖中或海上都廣受歡迎
(圖片提供:紐西蘭觀光局)

許多人說紐西蘭是一個令人安逸的國家,連第一大城奧克蘭也不及台北的快步調,人口不多的基督城更是慢中取勝,許多人喜愛戶外運動,午休時間漫步在市區草地看得到人群在玩耍橄欖球(Rugby),市區或郊區的河裡出現一艘艘的獨木舟穿梭,騎單車、慢跑這些都是熱門的休閒運動。雖說部分商店都5、6點就打烊,晚上熱鬧程度無法與台灣相比,但是一些酒吧和餐廳還是可以滿足想要嘗鮮的朋友。

玩樂篇

國定假日

期間	節日名稱
1月1日至2日	新年
2月6日	國慶日(Waitangi day)
3或4月的某一週五及隔週一	復活節(Easter、Good Fridayand Easter Monday)
4月25日	ANZAC日
6月第一個週一	皇后誕辰紀念日(Queen's Birthday)
10月倒數第二個週一	勞動節(Labour day)
12月25日	聖誕節(Christmas Day)
12月26日	大折扣日(Boxing day)

各地紀念日

除了固定的國定假日以外，在紐西蘭還有非常特別的各地紀念日，若你剛好位
處於此地區工作的話，可以獲得一天假期喔！

期間	節日名稱
1月22日	威靈頓週年紀念日(Wellington Anniversary)，紀念1840年1月22日第一批來到紐西蘭定居的先人
1月30日	奧克蘭週年紀念日(Auckland Anniversary) Nelson Anniversary
3月13日	Taranaki Anniversary
3月20日	Otago Anniversary
4月18日	Southland Anniversary
9月25日	South Canterbury Anniversary
10月20日	Hawke's Bay Anniversary
10月30日	Marlborough Anniversary
11月17日	Canterbury Anniversary
11月27日	Chatham Islands Anniversary
12月4日	Westland Anniversary

註：每年某些國定假日的日期會有些許不同，可利用紐西蘭網站來做當年查詢。
網址 goo.gl/lX5EXn

特殊節慶

期間	時間	地點
1月	Big Day Out World Buskers Festival	Auckland Christchurch
2月	Festival of Flowers and Romance	Christchurch
3月	Balloons over Waikato Wildfoods Festival	Waikato Hokitika
4月	Festival of Colour Arrowtown Autumn Festival	Wanaka Arrowtown
5月	Bluff Oyster and Food Festival	Bluff
6月	Fieldays Queenstown Winter Festival	Hamiton Queenstown
7月	Cadbury chocolate carnival	Dunedin
8月	Whitianga Scallop Festival Wellington on the plate	Wihtianga Wellington
11月	Toast Martinborough New Zealand Cup and Show Week	Martinborough Christchurch
12月	Caroline Bay Carnival	Timaru

註：紐西蘭觀光局定期更新每年節日，網站左列可按月分瀏覽節日。
全紐節慶查訊網址：www.eventfinda.co.nz

報給你知

● 紐西蘭幾乎所有旅遊景點都設
有旅客中心，位在觀光景點及
大城市裡的旅客中心(i-Site)除
了是提供免費諮詢套裝活動的
訂票中心外，內部通常有很多
免費的旅遊簡介及各地導覽地
圖可索取，不同的旅客中心還
會推出當地專屬的景點地圖小
紙張。由於地圖針對該景點製
作而變得更加詳盡與特殊，遊
覽時會幫助頗大，對於喜歡到
處遊覽的旅行家一定要好好利
用。持有BBH、YHA或是國
際學生證的遊人，購買各類行
程、租用交通工具、甚至是各
種門票時，別忘了詢問是否有
折扣。

● 紐西蘭的城市所要舉辦的大小
活動宣傳，除了使用和台灣類
似的布製招牌外，各式的宣傳
海報有時會貼滿街道牆壁，有
些時候甚至會以空中飛機拉布
條作為廣告，不同城鎮舉辦的
活動也會每年有所變動，看到
什麼特殊的告示嗎？看看是什
麼活動吧！

威靈頓特色景點

威塔工作室
Weta Cave

✉ 1 Weka St, Miramar, Wellington 6022 / ☎ (04)380-9361 / 🕐 每天09:00～17:30 / 💲 商店可免費參觀與拍照、導覽行程需要另外預定與付費 / ➡ 從威靈頓機場搭乘2號公車往Miramar方向，並且在Darlington　Road at Camperdown　Road下車後步行約200公尺即可抵達 / 🌐 wetaworkshop.com

最殺底片的半獸人

　設計並創作出許多耳熟能詳的電影經典角色或是逼真的道具造型，無論是《魔戒》系列作品或者是《金剛》《鋼鐵人》、科幻的《阿凡達》《攻殼機動隊》等許多叫好又叫座的電影，片中的道具造型、動畫皆來自於這家不起眼的平房工作室。

　角色模型及電影周邊商品販售商店不需門票即可入內。店內有著一系列電影相關的精緻模型、道具及相關書籍，看了都想買一個回家當紀念擺設，但是價錢實在有點不可愛，影迷可要看緊荷包才不至於在此大失血。明明就只是普通商店卻讓人流連忘返。

　最讓人興奮不已的是付費導覽行程，內容包含參觀工作室、電影中原版的道具以及觀摩角色道具的製作過程，若打算來趟威塔驚奇之旅別忘了先上網預訂導覽行程以免向隅。

工作室外觀

電影道具展示

威靈頓纜車
Cable Car

✉ Cable Car Lane, 280 Lambton Quay, Wellington /
📞 (04)472-2199 / 🕐 週一～五07:00～22:00、週六
08:30～22:00、週日08:30～21:00(聖誕節當天不開放)
/ 💲成人單程4NZD，來回7.5NZD；孩童(5～15歲)單
程2NZD，來回3.5NZD；學生(需持有紐西蘭學生證)
單程2NZD，來回3.5NZD；家庭票(2大人和最多4個小
孩)來回19NZD / ➡ 從威靈頓火車站往市區方向步行
約900公尺(13分鐘)，或者從威靈頓火車站搭乘公車至
Lambton Quay-ANZ Bank站下車後，步行約100公尺 /
🌐 www.wellingtoncablecar.co.nz/English/home.html

有著百年悠久歷史的纜車位於威靈頓最繁榮的
商業地區Lambton Quay，於1902年完工並在當年
2月開始正式營運通車直到現在，這條纜車行經
Kelburn、Karori與植物園頂端，是附近的居民的
主要交通工具。

搭上纜車抵達頂端需花費5～10分鐘，中途會
經過百米隧道，可以在這隧道裡享受著各式不同
的燈光秀，抵達最終站後可以從1百多米高的觀

看到Lambton Quay上的
指示，就代表著已經接近
Cable Car搭乘處囉

這就是等一下要搭乘的纜車

俯瞰整個威靈頓市區與港口場景是否有些熟悉感呢

景台俯瞰整個威靈頓市區與港口，同時這邊也是
明信片上時常出現的場景。

可別以為只有這樣就結束了，下車後可以到天
文台、纜車博物館參觀，或可以選擇來個森呼吸
之旅走遍植物園區。

紐西蘭國會大廈
New Zealand Parliament Buildings

✉ Molesworth St, Pipitea, Wellington / 📞 (04)380-9361
/ 🕐 導覽時間為每天10:00～16:00 / 💲免費 / ➡ 從威
靈頓火車站往市區方向步行約450公尺(約6分鐘)即可抵
達 / 🌐 www.parliament.nz/en

頗具爭議性的代表性建築物，因建築外觀如同
蜂巢，當地人簡稱國會大廈為蜂巢(Beehive)，目
前被紐西蘭列為一級保護建築。有免費的國會導
覽團可以參加。

是否真的很像蜂巢呢

紐西蘭蒂帕帕國立博物館
Museum of New Zealand Te Papa Tongarewa

✉ 55 Cable St, Te Aro, Wellington / ☎ (04)381-7000
/ ⏰ 每天10:00～18:00(聖誕節不開放) / 💲 常設展覽
免費 / ➡ 從威靈頓機場搭乘91機場快線往市區方向，
於Courtenay Place站下車後，步行約10分鐘即可抵達
/ http www.tepapa.govt.nz

不僅只有館內的館藏驚
人，就連戶外區域都融合
了人造洞穴、灌木叢和溼
地等，博物館的建築是由
Jasmax Architects設計，再
由Fletcher Construction所
建造，同時建築也具有耐震的設計。

Te Papa標誌

鎮館之寶為長達4.2公尺、世界上最大的深海魷
魚，於2007年在南極ROSS海域被捕撈，在捕撈
的時候依然是活體狀態，隨即被急速冷凍，送往
Te Papa研究並作為標本展示。除了某些特定的展
覽外，無論你是當地居民還是遊客，博物館都是
免費入場參觀的。擁有這麼多動物化石、標本以
及毛利文化的博物館，你能不參觀嗎？

博物館內展覽GALLIPOLI
的外觀

鎮館之寶──深海魷魚

經典品酒之旅
Martinborough

私房景點

除了市區有好玩的以外，你知道周邊城鎮還有
什麼是非去不可的私房景點嗎？離威靈頓開車約
2個小時車程的Martinborough，是北島盛產紅、
白酒的城鎮，尤其是黑皮諾(pinot noir)更是在紐
西蘭非常知名。Martinborough擁有了超過20家歷
史悠久的酒莊，來到這邊你可以先到i-Site拿張酒
莊地圖，選出幾家適合你的酒莊來參訪，可選擇
騎腳踏車或者走路，可是千萬不要酒後開車喔！

我會建議安排2天1
夜的行程，這樣才
能從容地品味美酒
又能顧及自身安全。

Martinborough是知名度
非常高的酒莊，很推薦初
次想體驗品酒的朋友

一望無際的葡萄園

Te Papa建築物外觀

奧克蘭特色景點

天空塔
Sky City

✉Corner Victoria and Federal Streets, Auckland /
☎(09)363-6000 / 🕐09:00～22:00 / http://www.skycity
auckland.co.nz

有著南半球最高建築稱號的奧克蘭天空塔，
是奧克蘭頗具指標性的建築，走在路上只要抬
頭找找必定會看到天空塔，都不會怕迷路呢！
除了因為塔高328公尺的關係，可以眺望整個奧
克蘭景色以外，整棟建築物裡面還有賭場、餐
廳、Hotel、停車場，可算是應有盡有。

奧克蘭戰爭紀念博物館
Auckland War Memorial Museum

✉The Auckland Domain, Parnell, Auckland / ☎+64
9 309 0443 / 🕐每天10:00～17:00(聖誕節休館) / 💲
紐西蘭居民免費參觀，外國遊客：成人票25 NZD、
兒童票(6～14歲)10 NZD，家庭票(2大人和最多4個小
孩)60 NZD / http://www.aucklandmuseum.com

為紐西蘭第一個博物館，同時是一所收藏歷史
與文化的博物館，館藏豐富共有3層樓。1樓主要
為毛利與太平洋島國文化，展示許多毛利人特有
的民族手工藝品與日常用品，其中以一艘獨木舟
最吸睛。2樓以自然為主，有各種紐西蘭特有動
植物的標本，而其中更以恐鳥(Moa)的標本最吸
引人，這是紐西蘭特有的絕種生物，外型有點類
似恐龍，但為草食性。3樓則展示戰爭歷史，主
要是用來紀念第一次世界大戰期間紐西蘭的慘重
傷亡。

獨樹山
One Tree Hill

✉670 Manukau Road, Auckland / 🕐夏天07:00～
20:30、冬天07:00～19:00 / ➡從市區開車約10分鐘即
可抵達

一個具備歷史與可以遠眺全奧克蘭的地方，也
是奧克蘭最大且完整的死火山之一，從山頂可以
眺望整個奧克蘭景色。之所以稱此處為One Tree
Hill，是因為以前有棵紐西蘭特有品種的樹木，
後來有人因不滿當時的政治而將這棵樹砍倒，後
來，即使繼續
種植同品種的
樹木，卻沒能
存活下來，導
致現在我們只
能看到沒有樹
木的One Tree
Hill。

基督城特色景點

基督城本身及周邊地域的旅遊事業發達，旅遊景點、飯店、遊客、免費旅遊簡介處處可見，雖然不是最大城卻有小小的繁榮，不在郊區但美景及活動卻觸手可及，到紐西蘭一定要來拜訪基督城。

2011年2月及2016年11月基督城大地震，造成市中心建築物多處嚴重毀損，或被列為危險建築物，雖然位於市中心的觀光景點大多仍關閉中，但觀光與活動工作速度都持續在進行，前往時可參考網址：goo.gl/bc3xB，查詢最新恢復進度。

紙教堂外觀

紙教堂
Cardboard Cathedral

✉ 234 Hereford St, Christchurch Central, Christchurch / ☎ (03)366-0046 / ⏰ 夏天09:00～19:00、冬天09:00～17:00 / http cardboardcathedral.org.nz

震壞的大教堂估計無法在短時間內修繕完成，但當地的民眾也不能夠一直沒有祈禱禮拜的場所，於是當局決定在距離原本教堂約500公尺的地方，興建一所暫時性的教堂來供民眾使用。這所紙教堂為知名日本建築師秔茂所設計，使用近100根直徑60公分、長約16.5公尺的硬紙管作為梁柱，再混搭其他建築材料建造而成，紙教堂的屋頂加蓋了一層不透光材質，使得陽光不會直接

紙教堂內部與彩繪玻璃窗

灑落在教堂內，呈現出來的是一種安詳柔和的氛圍。坐在教堂裡會使人心情平靜，並且多了一份安心的感覺。

城堡山
Castel Hill

被毛利人視爲神聖的領域，目前被規畫爲保護區，也是電影《納尼亞傳奇：獅子·女巫·魔衣櫥》（The Chronicles of Narnia：The Lion, The Witch and The Wardrobe）主角們最後決戰的拍攝場景。城堡山因沒有大眾交通工具可抵達，一路上人煙稀少，加上路途遙遙遠就只有這個景點，多數人都會選擇放棄這個景點，在我看來實在是有點可惜。

法國小鎮
Akaroa

可前往距離基督城開車約1.5小時車程的Akaroa，因有許多法國人長住在此，鎮上許許多多建築也充滿了法國鄉鎮風情，也因此有個「法國小鎮」的封號。來到Akaroa可以參加導覽團出海賞海豚，還可以選擇下海與海豚游泳、來個近距離接觸；不喜歡動態活動的人，則可以在法國小鎮漫步，享受悠閒時光。

基督城教堂廣場
Christchurch Cathedral Square

✉ 位於Colombo St. 與Hereford St. 的交叉口

這座以19世紀哥德式風格爲主要建造風格的百年大教堂，是由英國建築師設計與建造的，是基督城的象徵、信仰的中心、代表性建築物。在2011年地震前，基督城的市區是以大教堂爲中心向外延伸發展的，然而這場地震將教堂部分主體建築與塔樓震毀，至今仍無法修復，目前僅能用鋼架結構支撐著；因結構不穩隨時會有崩落的危險，在教堂外圍有用圍牆隔離著，只能夠透過圍牆來遠望這座百年大教堂。

震後的教堂廣場多了巨大西洋棋盤的裝置藝術，常會有人們認真地玩起西洋棋來

被地震摧毀後的教堂

Working Holiday

In the south-western Pacific Ocean. Polynesians settled New Zealand in 1250 - 1300 AD and developed a distinctive Maori culture, and Europeans first made contact in 1642 AD.

New Zealand

緊急應變篇

遇到討厭的意外狀況或遺失財物、護照簽證怎麼辦？生病醫療的注意事項是什麼？本篇提供你最快速的緊急應變措施和求助窗口！

紐西蘭治安現況　　　　　　　　　　　　　　　　　123

證件財物遺失怎麼辦　　　　　　　　　　　　　　　123

生病時要怎麼辦　　　　　　　　　　　　　　　　　124

緊急應變篇

紐西蘭治安現況

　　紐西蘭政治安定、良好，一般在街道上不會發生什麼搶案或是嚴重的歧視現象，唯獨華人族群日益龐大，由於被視爲財大氣粗，近來被當地人視爲犯罪目標，導致犯罪率上升。此外當地較常發生的現象是偷車、車內遭竊或是住家遭竊，由於汽車玻璃都鮮少安裝反光貼紙，裡外可見度清晰，貴重東西最好不要放置車上。

緊急事故

報警及緊急救護車任何電話免費直撥

111

New Zealand
POLICE
Nga Pirihimana O Aotearoa

聽說紐西蘭警方辦事效率與民族性相近，相當慵懶，圖爲紐西蘭警車與警政標誌。
(圖片來源：dare.paradise.net.nz)

ACC
PREVENTION. CARE. RECOVERY

　　Accident Compensation Corporation紐西蘭境內的意外事故賠償委員會。受傷病人在診所或醫院填好ACC申請表，然後由醫生或診所寄去ACC，該局審核批准後，病人可得到大部分醫療補助，並支付由於意外傷害而失去的80%的工資收入(工資補償僅限本地居民)。

證件、財務遺失怎麼辦

機票遺失

　　可憑機票影本至當地各航空公司分行申請補發。可先撥打台灣電話詢問所在地分行。

中華航空	chinaairlines.com	(02)2715-1212
長榮航空	www.evaair.com.tw	(02)2251-1999
紐西蘭航空	airnewzealand.co.nz	+64-9-357-3000
新加坡航空	singaporeair.com	(02)2551-6655
國泰航空	cathaypacific.com	(02)2715-2333
斐濟/太平洋航空	airpacific.com	+679-672-0888
馬來西亞航空	malaysiaairlines.com	(02)2514-7888
大韓航空	koreanair.com	(02)2518-2200
中國南方航空	csair.com	+86-2095-0333

DATA　台灣駐紐西蘭辦事處

駐紐西蘭台北經濟文化辦事處

✉ Level 23, Majestic Centre, 100 Willis Street, Wellington 6011, New Zealand
☎ (64-4) 473-6474
FAX (64-4) 472-2430
http www.roc-taiwan.org/nz
@ tecowlg@taipei.org.nz
ℹ 緊急救助行動電話(64-27)449-5300
紐西蘭境內直撥(027)449-5300
🕐 受理領務申請案件時間：週一～五09:00～12:30、13:30～17:00

駐奧克蘭台北經濟文化辦事處

✉ Level 18, 120 Albert Street, Auckland, New Zealand
☎ (64-9) 303-3903
FAX (64-9) 302-3399
@ auckland@mofa.gov.tw
ℹ 急難救助行動電話(64-27) 271-2700
紐國境內直撥 (027)271-2700

※急難救助電話專供緊急求助之用(如車禍、搶劫、有關生命安危等緊急情況)，非急難重大事件，請勿撥打。一般護照、簽證等事項，請於上班時間以辦公室電話查詢。

證件遺失

　　有任何關於簽證或是護照需要台灣方面的人員協助時，可以聯絡台灣駐紐辦事處。

外交部全球急難免付費專線

　　旅外國人如在紐西蘭發生急難事故，一時無法與駐外館處取得聯繫時，可透過該專線電話向「外交部旅外國人急難救助聯繫中心」尋求聯繫協助(該中心之功能為居間聯繫，一般業務查詢或非急難聯繫事項，請勿任意撥打該專線，以免影響緊急事件之聯繫)。
00-800-0885-0885

財務遺失

　　車輛、錢包、包包等東西遺失可至當地警局做筆錄報案；在當地有申請失竊險的話，可聯絡保險公司要求理賠。www.police.govt.nz/district(查詢警局詳細地址，選擇區域→選擇Phonebook)

信用卡遺失

撥打信用卡掛失電話。如有需要可向原發卡銀行申請補發。

紐西蘭信用卡掛失電話

VISA：	MasterCard：
免付費電話 0508-600300	免付費電話0800-44-9140
www.visa.com.tw	www.mastercard.com/tw

生病時怎麼辦

紐西蘭的大小醫院不多，不像台灣有許多的小診所，一般生病感冒或非緊急需要，必須事前打電話預約看診。若情況緊急，可直接去診所或醫院。也可撥111叫救護車送往就近醫院。通常輕微的小病或不舒服，可以在藥房或到超市購買藥品自行服用，或多休息自體恢復，可以省去看病的複雜程序。有時需要特殊專科醫生會診，這時醫生會開轉診信，並安排專科醫生給你。

有時需要住院治療，這時醫生會聯繫醫院並給予適當安排。看病後，病人可持醫生開的處方（Prescription）去藥店（Pharmacy/Chemist）購藥。若是不慎意外受傷，在紐西蘭的任何人（包括居民和旅遊者）均有資格得到ACC的意外傷害保險補償。意外事件叫救護車免費，但內科急診叫救護車可能需要付費。在公立醫院住院（如基督城醫院）看診，門診病人的內外科服務與大部分相關醫療服務是免費的，因此相當忙碌。

如何找尋附近醫院與藥局

超實用與方便的Google Map，可以至Google網頁上搜尋，直接打上城市名稱加上Hospital(醫院)或是Pharmacy(藥局)，即可馬上獲得資訊，除了可以找尋位於你目前附近的醫院與藥局以外，還能夠提供地址與相關資訊以及行車(步行)路線。

DATA 醫療機構

奧克蘭市中心醫療機構

奧克蘭醫院
✉ 2 Park Rd, Grafton ／ ☎ (09)367-0000

North Shore Hospital
✉ Shakespeare Rd, Takapuna ／ ☎ (09)486-8900

威靈頓市中心醫療機構

Wellington Regional Hospital
✉ Riddiford St, Newtown ／ ☎ (04)385-5999

Wakefield Hospital
✉ 30 Florence St, Newtown ／ ☎ (04)381-8100

基督城市中心醫療機構

基督城醫院
✉ 2 Riccarton Ave ／ ☎ (03)364-0640

Southern Cross Hospital
✉ 131 Bealey Ave Richmond ／ ☎ (03)968-3100

Hillmorton Hospital
✉ 1 Lincoln Rd, Spreydon ／ ☎ (03)337-7969

St George's Hospital
✉ 249 Papanui Rd, Strowan ／ ☎ (03)375-6000

Forte Health Hospital 基督城的外科醫院
✉ Forte Health 132 Peterborough Street
☎ (03)365-8333

常用病狀的藥品可以在藥房購買外，超市也可以買得到
(圖片提供：Lisa)

So Easy! 年度銷售排行榜冠軍旅遊書系

So Easy 自助旅行書系

亞洲地區

305 **開始在澳門自助旅行**
作者／凱恩(Kahn)

304 **開始在馬來西亞自助旅行**
作者／黃偉雯(瑪杜莎)

303 **開始在日本自助旅行**
作者／牛奶杰

100 **開始在關西自助旅行**
作者／King Chen

098 **開始在土耳其自助旅行**
作者／吳靜雯

094 **開始在沖繩自助旅行**
作者／酒雄

092 **開始在上海自助旅行**
作者／葉志輝

091 **開始到日本開車自助旅行**
作者／酒雄

089 **開始在泰國自助旅行**
作者／吳靜雯

087 **開始在釜山自助旅行**
作者／亞莎崎

079 **開始在越南自助旅行**
作者／吳靜雯

076 **開始在中國大陸自助旅行**
作者／徐德誠

075 **開始在北京自助旅行**
作者／沈正柔

060 **開始在香港自助旅行**
作者／古弘基

035 **開始在新加坡自助旅行**
作者／王之義

023 **開始在韓國自助旅行**
作者／陳芷萍・鄭明在

歐美地區

302 **開始在瑞典自助旅行**
作者／潘錫鳳・陳羿廷

301 **開始在西班牙自助旅行**
作者／區國銓・李容菜

099 **開始在紐約自助旅行**
作者／艾瑞克

097 **開始搭海外遊輪自助旅行**
作者／胖胖長工

096 **開始在愛爾蘭自助旅行**
作者／陳琬蓉

090 **開始在加拿大自助旅行**
作者／沈正柔

086 **開始在北歐自助旅行**
作者／武蕾・攝影・盧奕男

085 **開始在挪威自助旅行**
作者／林庭如

082 **開始在歐洲自助旅行**
作者／蘇瑞銘・鄭明佳

072 **開始在瑞士自助旅行**
作者／蘇瑞銘

034 **開始在荷蘭自助旅行**
作者／陳奕伸

027 **開始在義大利自助旅行**
作者／吳靜雯

026 **開始在美國自助旅行**
作者／陳婉娜

024 **開始在英國自助旅行**
作者／李芸德

紐澳地區

073 **開始在澳洲自助旅行**
作者／張念萱

032 **開始在紐西蘭自助旅行**
作者／藍麗娟

So Easy 專家速成書系

亞洲地區

080 **遊韓國行程規劃指南**
作者／Helena(海蓮娜)

歐美地區

097 **開始搭海外郵輪自助旅行**
作者／胖胖長工

078 **指指點點玩美國**
作者／謝伯讓・高薏涵

077 **指指點點玩義大利**
作者／吳靜雯

074 **英國茶館小旅行**
作者／英倫老舖

071 **窮，才要去紐約學藝術**
作者／洪緹婕

069 **記住巴黎的甜滋味**
作者／林佳瑩

065 **荷蘭最美**
作者／楊若蘭

052 **開始到義大利買名牌**
作者／吳靜雯

047 **開始到義大利看藝術**
作者／吳靜雯

046 **開始到維也納看莫札特**
作者／王瑤琴

031 **開始遊法國喝葡萄酒**
作者／陳麗伶

世界主題之旅

深度旅行

110 沙漠國家探索之旅：摩洛哥・埃及・約旦
作者／陳慧娟

109 羅馬、梵蒂岡深度之旅
作者／潘錫鳳

108 日本中部深度之旅：愛知・三重・靜岡・岐阜・長野・富山
作者／阿吉

107 Slow東京 熱賣
作者／蔡欣妤

106 雲南旅行家：昆明・大理・麗江
作者／甯育華

105 日本東北深度之旅
作者／三小a

103 旅戀日本岡山：附山陰地區
作者／李思嫻

102 紐西蘭旅行家
作者／舞菇

101 用鐵路周遊券輕鬆玩西日本
作者／摩那卡・瓦拉比

100 香港自己的味道 熱賣
作者／Esther

099 義大利尋藝之旅
作者／蕭佳佳

098 德國旅行家
作者／林呈謙

097 溫哥華深度之旅
作者／海馬老爸

095 首爾旅行家 熱賣
作者／Helena(海蓮娜)

093 中國7城創意新玩法
作者／賴雅婷・王微瑄

092 東京OUT：橫濱・箱根・鎌倉・江之島 熱賣
作者／三小a

090 澳門食尚旅行地圖
作者／梁詠怡

089 倫敦旅行家 熱賣
作者／林庭如

088 美國中西部驚嘆之旅
作者／許正雄・陳美娜

087 西班牙深度之旅：馬德里・巴塞隆納・瓦倫西亞 熱賣
作者／宋良音

084 Check in首爾
作者／權多賢

080 Check in東京
作者／林氏璧

077 Traveller's東京聖經 熱賣
作者／許志忠

076 泰北清邁享受全攻略 熱賣
作者／吳靜雯

075 聖地之旅：以色列・約旦・黎巴嫩・敘利亞 熱賣
作者／邱世崇

073 島力全開！泰High全攻略
作者／小王子(邱明憲)

067 真愛義大利
作者／吳靜雯

066 野性肯亞的華麗冒險
作者／黃嘉文・吳盈光

057 Traveller's曼谷泰享受
作者／吳靜雯

046 Traveller's波士頓 熱賣
作者／周蔚倫

搭地鐵系列

104 搭地鐵玩遍大邱
作者／Helena(海蓮娜)

094 搭地鐵玩遍紐約
作者／孫偉家

086 搭地鐵玩遍曼谷
作者／葉志輝

082 搭地鐵玩遍釜山
作者／Helena(海蓮娜)

079 搭地鐵玩遍首爾
作者／索尼客

070 搭地鐵玩遍倫敦
作者／李思瑩・英倫懶骨頭

069 搭地鐵玩遍新加坡
作者／但敏

062 搭地鐵玩遍香港
作者／三木

061 搭地鐵玩遍北京
作者／黃靜宜

059 搭地鐵玩遍東京
作者／孫偉家

053 搭地鐵玩遍上海
作者／葉志輝

夢起飛系列

505 紐西蘭自助旅行
作者／林伯丞

504 騎在天使安排的道路上
作者／張永威

503 用馬拉松旅行世界
作者／劉憶萱(江湖一品萱)

502 英國開車玩一圈
作者／Burger Bus英式漢堡店小夫妻Edison & SaSa

501 走！到法國學廚藝
作者／安東尼

Day by Day系列

602 下飛機Day by Day，愛上京・阪・神・奈 熱賣
作者／飄兒

601 下飛機Day by Day，愛上舊金山 熱賣
作者／李朵拉

So Easy 095 開始到日本打工度假 熱賣
作者／高函郁

So Easy 093 開始到英國打工度假・留學 熱賣
作者／陳銘凱

So Easy 088 開始到美國打工度假 熱賣
作者／高函郁

So Easy 084 開始到加拿大打工度假 熱賣
作者／陳玉琳

So Easy 038 開始到紐西蘭打工度假
作者／蔡弦峰

世界主題 096 澳洲打工度假，送給自己勇氣的一年 熱賣
作者／Lewis・Vivi

世界主題 091 澳洲打工度假：墨爾本・布里斯本・雪梨三大城市邊賺邊玩 熱賣
作者／黃奧登・艾芙莉

世界主題 081 澳洲打工度假一起Cooking!!
作者／Soda・Terry

世界主題 065 澳洲打工度假聖經 熱賣
作者／陳銘凱

這次購買的書名是：

開始到紐西蘭打工度假 全新增訂版 (So Easy 38)

＊01 姓名：＿＿＿＿＿＿＿＿＿＿＿＿＿＿＿＿＿　性別：□男 □女　生日：民國＿＿＿＿＿ 年

＊02 手機(或市話)：＿＿＿＿＿＿＿＿＿＿＿＿＿＿＿＿＿＿＿＿＿＿＿＿＿＿＿＿＿＿＿

＊03 E-Mail：＿＿＿＿＿＿＿＿＿＿＿＿＿＿＿＿＿＿＿＿＿＿＿＿＿＿＿＿＿＿＿＿＿

＊04 地址：□□□□□ ＿＿＿＿＿＿＿＿＿＿＿＿＿＿＿＿＿＿＿＿＿＿＿＿＿＿＿

＊05 你選購這本書的原因

　1.＿＿＿＿＿＿＿＿＿＿＿　2.＿＿＿＿＿＿＿＿＿＿＿　3.＿＿＿＿＿＿＿＿＿＿＿

06 你是否已經帶著本書去旅行了？請分享你的使用心得。

＿＿＿

＿＿＿

＿＿＿

＿＿＿

＿＿＿

很高興你選擇了太雅出版品，將資料填妥寄回或傳真，就能收到：1.最新的太雅出版情報／2.太雅講座消息／3.晨星網路書店旅遊類電子報。

填問卷，抽好書 (限台灣本島)

凡填妥問卷(星號＊者必填)寄回、或完成「線上讀者情報上傳表單」的讀者，將能收到最新出版的電子報訊息，並有機會獲得太雅的精選套書！每單數月抽出10名幸運讀者，得獎名單將於該月10號公布於太雅部落格與太雅愛看書粉絲團。

參加活動需寄回函正本(恕傳真無效)。活動時間為即日起～2018／12／31

以下3組贈書隨機挑選1組

放眼設計系列2本
(隨機)

手工藝教學系列2本
(隨機)

黑色喜劇小說2本

填表日期：＿＿＿＿年＿＿＿＿月＿＿＿＿日

太雅出版部落格
taiya.morningstar.com.tw

太雅愛看書粉絲團
www.facebook.com/taiyafans

旅遊書王(太雅旅遊全書目)
goo.gl/m4B3Sy

線上讀者情報上傳表單
goo.gl/kLMn6g

-(請沿此虛線壓摺)-

太雅出版社　編輯部收

台北郵政53-1291號信箱
電話：(02)2882-0755
傳真：**(02)2882-1500**
(若用傳真回覆，請先放大影印再傳真，謝謝！)

-(請沿此虛線壓摺)-

太雅部落格 http://taiya.morningstar.com.tw

有 行 動 力 的 旅 行 ， 從 太 雅 出 版 社 開 始